차의 시간을 걷다

이 책이 나오기까지 도움 주신 각 기관과 이제민, 하보숙, 박성채,
이남희, 이현정, 구자완 님께 진심으로 감사드립니다.

차의 시간을 걷다
동아시아 차문화 연대기

1판 1쇄 발행 2020년 7월 15일
   3쇄 발행 2025년 2월 13일

지은이 김세리·조미라
편집 한정윤
펴낸이 정갑수

펴낸곳 열린세상
출판등록 2004년 5월 10일 제300-2005-83호
주소 06691 서울시 서초구 방배천로6길 27, 104호
전화 02-876-5789
팩스 02-876-5795
이메일 open_science@naver.com

ISBN 978-89-92985-76-5 (03900)

이 책은 저작권법에 따라 보호받는 저작물이므로
무단 전재와 복제를 금합니다. 이 책 내용의 전부 또는 일부를 사용하려면
반드시 저작권자와 열린세상의 서면 동의를 받아야 합니다.

잘못 만들어진 책은 구입하신 곳에서 바꾸어 드립니다.
값은 뒤표지에 있습니다.
열린세상은 열린과학 출판사의 실용·교양 브랜드입니다.

이 도서의 국립중앙도서관 출판예정도서목록(CIP)은 서지정보유통지원시스템 홈페이지
(http://seoji.nl.go.kr)와 국가자료공동목록시스템(http://www.nl.go.kr/kolisnet)에서 이용
하실 수 있습니다.(CIP제어번호: CIP2020027286)

동아시아 차문화 연대기

차의 시간을 걷다

김세리 ◆ 조미라
지음

차례

I 고전의 시대. 차를 끓여서 마시다

먹는 차, 마시는 차	9
차, 거대한 수상 네트워크를 따라 동쪽으로 흘러가다	23
신라로 보내진 차	37
지하궁전 속에 잠자던 천 년 전 차도구	45
신선이 되다	56
차마고도	64
황제의 차	72

II 낭만의 시대. 차를 거품 내 마시다

도시 카페 다관	87
우윳빛 경쟁, 투다	100
천 년 전 아이스티, 강차수	119
티아트 분차	127
차가 있는 우아한 모임, 아회	134
타인의 눈으로 본 고려의 차	149
찻사발의 시대 1: 흙으로 빚은 옥 청자	158
찻사발의 시대 2: 세계인의 몽상, 청화백자	169

III | 실용의 시대。
차를 우려서 마시다

차 속에 향기를 숨기다	179
찻잔의 시대: 한 손으로 찻잔을 들어 차를 마시다	189
숨 쉬는 찻주전자 의흥자사호	204
차노유(茶の湯)	215
리큐 스타일	225
전쟁으로 쟁취한 도자기 기술	236
조선 선비, 차를 구걸하다	253
차향으로 맺은 인향	266
용단승설의 시간 여행, 북송에서 조선으로	275
차로 맺은 계모임, 다신계	285
찻잎에 귤 향기를 입히다	294

참고문헌	302

일러두기

- 중국 인명과 지명은 한국식 한자 발음으로 표기하고 한자를 병기했다.
- 본문에 나오는 문헌 및 작품은 다음과 같은 기호로 구분해서 표기했다.

　책 : 『다경茶經』
　책에 수록된 글 : 「자다煮茶」, 『다중잡영茶中雜詠』
　시 : 『칠완다가七碗茶歌』
　그림 및 도록, 기타 : 〈서원아집도西園雅集圖〉

고전의 시대.

차를 끓여서 마시다

I

먹는 차, 마시는 차

먹는 차

녹차 아이스크림, 홍차 쿠키, 말차 초콜릿, 녹차 냉면……. 차(茶)를 이용한 먹을거리는 어디서나 만날 수 있는 인기 메뉴이다. 찻잎 튀김이나 녹차 잎을 넣고 끓인 라면도 별미다. 이런 음식들이 인기를 얻는 것은 차가 건강에 좋다는 것을 누구나 알고 있기 때문이다. 그런데 아이러니하게도 차를 이용한 현대인의 각종 레시피는 가장 고전적인 차 이용법이다. 차는 처음부터 약초이자 음식이었으니까.

수천 년 전 전설 속의 신농(神農)은 100가지 풀을 맛보고 72가지 독초에 중독되었는데, 찻잎으로 해독했다고 한다. 차는 약초를 해독하는 약초였다. 농경과 요리의 시대를 연 전설 속의 신농이 차를 약으로 이용했다는 것은, 차가 문명의 시작과 동시에 사람들에게 효용을 준 식물이었다는 것을 의미한다. 흔히 차의 역사를 언급할 때 5천 년이라는 시간을 거슬러 올라가는 것은 이 신농을 기점으로 보기 때문이다.

훨씬 후대인 후한 때에 쓰이긴 했지만 신농의 이름을 빌린 중국 최초의 의학서인 『신농본초경神農本草經』에서는 차를 약초로 인식했다.

> 쓴 채소는 성질이 차다. 오장의 나쁜 기운을 다스리며, 위장과 비장을 돕는다. 오래 복용하면 마음이 편하고 기운이 난다. 몸이 가벼워지며 늙지 않는다. 이 쓴 채소는 차초(茶草)라고 한다.

『삼국지』에서 관우를 치료했던 전설적인 의사 화타(華陀)는 『식론食論』에서 "차를 오랫동안 마시면 생각이 깊어진다"고 했다. 사람들이 차를 알게 된 처음부터 '몸에 좋은 것', '몸과 마음을 치유하는 것'으로 받아들였던 것이다. 이 생각은 수천 년간 변함이 없었으며, 미래의 어느 날에도 사람들은 생각을 바꾸지 않을 것이다. 수천 년 전 차에 눈 뜬 사람들처럼, 또 지금의 우리처럼.

고대의 모든 차 이야기는 중국 서남쪽 사천(四川) 지방에서 시작된다. 중국문명의 흐름이 점점 서쪽에서 동쪽으로 이동했듯이 차 이야기도 양자강(揚子江)을 따라 동쪽으로 이동한다. 차나무라

염입본(閻立本), 〈소익잠난정도蕭翼賺蘭亭圖〉, 당, 대만 국립고궁박물원 소장

는 식물의 원산지가 어디이든 차의 고향은 중국 사천이다. 이곳은 차에 대한 최초의 기록이 보이는 시기부터 지금까지 여전히 차의 주요 생산지이다. 연대가 확실한 차에 관한 최초의 기록은 이미 기원전 사천에서 쓰였다.

지방관 시험에 응시하려는 한 서생이 사천의 중심지인 성도(成都)로 시험을 치러 갔다. 서생은 양혜(楊惠)라는 과부의 집에 들렀다가 오만하게도 심부름을 거부하는 양혜의 노비 편료(便了)를 샀다. 서생은 이 어린 노비를 길들이려고 일종의 근로계약서인 노비 문서를 작성한다. 문서에는 노비가 해야 할 수많은 일을 구체적으로 제시하고 이를 어겼을 때의 처벌 조항까지도 적어 놓았다. 이것이 바로 차에 관한 기록 중 저작 시기가 명확하게 입증된 최초의 기록인 〈동약僮約〉이다. 기원전 59년 시문(詩文)에 능했던 사천성 자중(資中) 출신의 서생 왕포(王褒)가 작성한 〈동약〉에는 노비인 편료가 매일 해야 할 일로 무양차(武陽茶)를 살 것, 차를 끓일 것, 다구를 씻어 놓을 것 등이 나온다. 즉, 당시 사천에서 차를 생산했고, 무양에서는 차가 상품으로 매매되었으며, 차를 위한 전용 다구가 있었다. 무양은 지금의 사천성 봉산(鳳山)으로 오늘날에도 차를 생산하고 있다. 『사천통지四川通志』에서도 한(漢)나라 때 몽산(蒙山)에 차를 심었다고 기록하고 있다.

차가 처음부터 좋은 향기를 가진 맛있는 음료는 아니었기 때문에 사람들은 향신료를 사용했다. 소금은 기본이었고 파·생강·대추·귤피·수유(茱萸)·박하 등을 넣었다. 차의 신으로 추앙받는 육우(陸羽)는 『다경茶經』에 각종 향신료를 넣어 끓여 먹는 것에 대해 다음과 같이 기록했다.

위(魏)나라 장읍(張揖)의 『광아廣雅』에서 "형주(荊州)와 파주(巴州) 사이에서 차를 채취하여 차병(茶餠)을 만든다. 노쇠한 잎은 미고(米膏, 米油)를 써서 찰기를 만들어

백유 차 화로와 차 솥

병차(餠茶)로 만든다. 끓여서 마시려고 할 때는 먼저 붉은색이 나게 굽는다. 그것을 찧어서 가루 낸 다음 자기 그릇 속에 넣고 뜨거운 물을 부어 뚜껑을 덮는다. 그리고 생강, 파, 귤 등을 넣는다. 그것을 마시면 술이 깨고 졸음이 사라진다"고 했다.

사람들이 차를 어떻게 만들었는지, 어떤 방식으로 마셨는지에 대한 최초의 기록이다. 이를 보면 '한 잔의 차'라기보다 '한 대접의 찻국'이었다. 육우는 차를 이렇게 마시는 것을 촌스럽다고 생각했다. 당시 사람들이 차에 각종 향신료를 넣고 끓여 마시는 것을 "도랑에 물을 버리는 것 같다"며 한탄한다. 홍차에 레몬과 각설탕을 듬뿍 넣는 영국인을 본 중국인의 마음이었을 것이다.

차는 몸에 좋은 음식이었으므로 새순은 나물이 되었고, 곡식과 끓이면 차죽이 되었다. 육우는 『다경』에서 『안자춘추晏子春秋』를 인용하여 안영(晏嬰)이 거친 밥에 차나물로 식사를 했다고 했으며, 명나라 육수성(陸樹聲)의 『다료기茶寮記』에는 "진송(晉宋, 남북조시대) 이래 찻잎을 채취하여 그것을 끓여서 차죽을 만든다"는 기록이 있다. 중국 변경 지역의 소수민족들은 오늘날에도 여전히 이와 비슷한 방식을 사용한다.

마시는 차

흔히 곡물을 먹고 불을 이용해서 요리하는 사람은 문명인이요, 곡물을 먹지 않고 고기를 날로 먹는 사람은 비문명인이라고 하는데, 진정한 문명인은 음료를 만드는 사람이다. 차는 의약품에서 한 끼를 해결할 수 있는 식품으로, 그리고 다시 한 단계 더 나아가 사람들에게 위안을 주는 한잔의 음료가 된다. 사회경제적 수준이 생존 그 자체를 목표로 해야 하는 단계를 넘어서서 생활을 향유할 수 있는 단계에 이르러야 기호품이 탄생한다. 동시에 기호품 자체가 사회경제의 발전을 가져온다. 기호품의 확산은 교역을 필요로 하므로 상업의 발달을 불러일으키기 때문이다.

기호품으로서의 차, 마시는 차는 정신적인 수양을 추구하는 도가와 선불교 승려들, 그리고 경제 발전에 따른 문예부흥 속에서 대자연의 풍광을 즐기며 시를 짓거나 거문고를 타는 모임을 향유하는 상류층 문인들에 의해 확산된다.

끊임없는 전쟁과 기아, 복잡하고 혼란했던 지배 구조가 다시 중앙집권을 이룬 것은 수나라 문제(文帝)에 의해서다. 수는 짧지만 강력한 집권 체제와 대규모 토목공사를 이루었고, 618년 이를 이어받은 당은 덕분에 그간 없었던 새로운 부흥을 이룬다.

당은 중국인들이 자랑하는 강성하고 화려한 제국이었다. 경제·정치·사회·문화·종교 모든 면에서 수나라보다 한 단계 더 진전한다. 사회경제적인 안정과 부가 가져다 준 기호품의 확산으로

노홍(盧鴻), 〈초당십지도草堂十志圖〉, 당, 대만 국립고궁박물원 소장

차는 생필품이 된다. 수요에 따라 공급도 늘어나서 각지에서 차를 생산하게 된다. 황제는 명차(名茶)가 생산되는 곳으로부터 최고의 차를 진상 받았을 뿐 아니라 차에 세금을 부과하기 시작했다.

이 무렵 쓰인 봉연(封演)의 『봉씨문견기封氏聞見記』에 의하면, 수도 장안에는 차를 사 마실 수 있는 점포가 생긴다. 유명한 차 생산지인 강소(江蘇), 안휘(安徽)에서 오는 배에는 차가 가득 실려 있었다. 차 상인들은 차를 구하기 위해 멀고 가까운 곳을 가리지 않았다. 당시의 모습을 시인 백거이(白居易)의 저명한 시「비파행琵琶行」에서 볼 수 있다.

나이 들어 시집 가 장사꾼의 아내가 되었노라.
장사꾼은 이익을 중하게 여기고 이별을 쉽게 여기니
지난달 부량으로 차를 사러 떠났다.
강어귀를 오가며 빈 배만 지키니
배를 비춘 밝은 달도 강물처럼 차갑구나.

황실에서는 화려한 차연(茶宴)을 열었으며 백거이, 이백(李白), 두보(杜甫), 석교연(釋皎然), 육구몽(陸龜蒙), 피일휴(皮日休), 원진(元稹), 안진경(顔眞卿), 노동(盧소) 등 많은 문호가 차를 예찬하는 글을 남긴다. 차를 마신다는 것은 멋스럽고 고상한 문화가 되었기 때문이다. 그들의 우아한 생활을 위해서는 고품질의 차가 필요했으며 이 수요를 충족시키기 위한 생산 기술도 발전한다. 당시 상류층이 마신 차는 상당히 복잡한 과정을 거쳐 만들어졌다.

우선 차의 새순을 따서 대나무로 만든 바구니에 넣고 시루에서 찐다. 식기 전에 꺼내 절구에 넣고 찧어 차즙을 내서 쌀풀 등을 섞는다. 그리고 철제 틀에 넣어 박는다. 이것을 발에 펼쳐 놓고 건조시킨다. 틀에 박아 만든 덩어리 차의 속까지 건조되게끔 가는 대나무 젓가락으로 여러 개의 숨구멍을 내고 풍로에 걸어 말린다.

당대 제다법　　　ⓒ강혜원

건조된 덩어리 차를 대나무나 짚으로 만든 끈으로 꿰어 꾸러미를 만든다. 이 꾸러미를 댓잎 등으로 싸고 겉면에 붉은색이나 황색 비단실로 묶어 봉해서 완성한다(『다경』). 이를 차 덩어리라는 의미에서 '단차(團茶)'라고 한다.

완성된 차는 형태에 따라 공 모양이나 평평한 원반형 또는 입방체, 대여섯 잎의 꽃 모양 등이 있었다. 또 표면에 용뇌(장뇌)나 진과(珍菓), 향초류를 첨가해 기름을 칠한 것도 있었다. 이렇게 복잡하고도 정교한 기술이 필요한 제다 과정을 거쳐야 하므로 차는 서민들이 쉽게 구할 수 있는 것은 아니었다.

오늘날 우리는 찻잎을 우려서 마시지만, 차를 달인다는 동사 역시 사용한다. 천 년도 더 넘은 오래전에는 차를 달여서, 그러니까 끓여서 마셨기 때문이다. 단차는 만들어진 과정만큼 그에 합당한 세심한 과정을 거쳐 끓여야 했다. 조각내거나 갈아서 적당한 크기로 가루 내고, 곱게 체 치고, 특별히 좋은 물을 구하거나 특별한 숯을 이용하여 열 조절을 할 뿐 아니라 체를 칠 때 사용하는 비단으로 만든 천조차도 어느 지방 것이 좋은지를 따졌다.

차를 끓일 때는 우선 단차를 굽고 향기가 날아가지 않도록 종이에 싼다. 종이 속에서 향기를 머금고 식은 차를 꺼내 목제 차연(차 맷돌)에 넣고 가루를 낸다. 이것을 체에 쳐서 뚜껑이 있는 용기에 담아 둔다.

육우는 좋은 물을 구하는 것에도 심혈을 기울였지만 물을 끓이는 데도 매우 정밀한 기준을 정했다. 처음부터 가루 낸 차를 물에

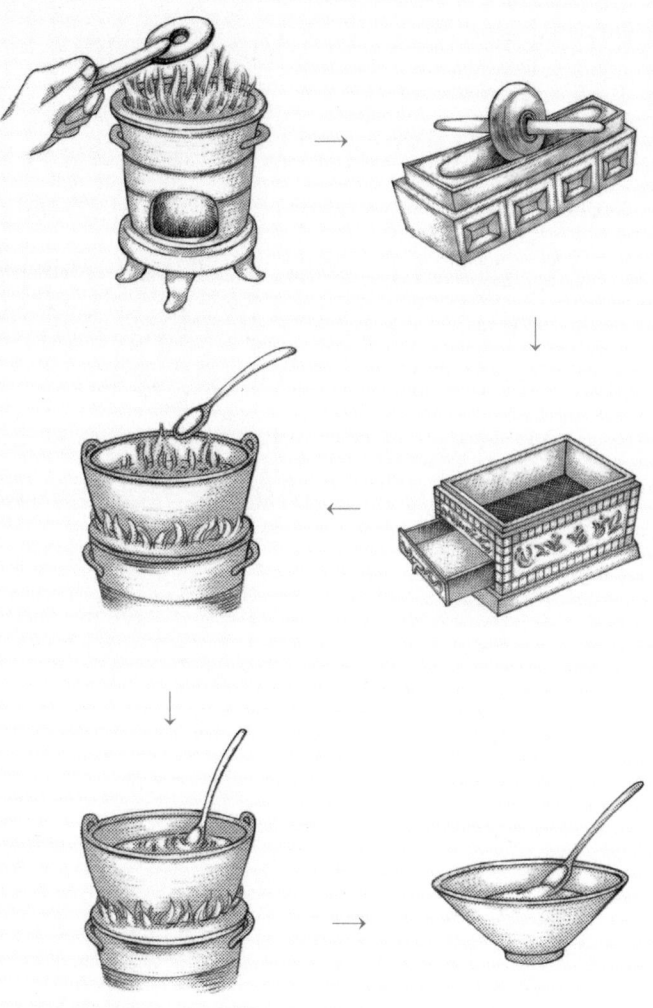

당대 자다법

넣어 끓이는 게 아니었다. 풍로에 솥을 걸고 물을 끓이는데, 물이 한 번 끓어오르면 소금을 약간 넣는다. 두 번째 끓어오를 때 끓는 물 한 바가지를 퍼 두고, 대나무 젓가락으로 휘휘 저어 물이 균일하게 끓어 소용돌이가 일어나게 한다. 그 한가운데에 대나무 차칙으로 뜬 찻가루를 조심스럽게 넣는다. 차가 세차게 끓어오르면 퍼 두었던 물 한 바가지를 부어 차를 가라앉히고 물의 원기를 되살린다. 이렇게 끓인 차를 국자로 퍼서 도자기로 만든 찻사발에 부어 마신다. 즉, 물이 첫 번째 끓을 때 소금을 넣고, 두 번째 끓을 때 차를 넣고, 세 번째 끓어오르면 국자로 퍼서 찻사발에 담는 방식이다.

당대의 저명한 시인이자 차 애호가였던 피일휴는 차를 끓이며 물이 끓어오르는 모습을 게의 눈, 물고기의 비늘 등으로 표현했다.

향긋한 샘물은 우유와도 같은데, 끓이면 이내 구슬구슬 피어오르네. 때론 게 눈이 펴지고, 얼핏 보면 물고기 비늘이 일어나네. 소리는 비 맞는 소나무 같고, 찻잔에서는 비췻빛 김이 오를 것만 같네. 중산에서 나는 천일주를 마셔도 천일 동안 취하지 않을 것이네.

「자다煮茶」, 『다중잡영茶中雜詠』

육우는 완성된 차 한 사발을 상·중·하로 품평했는데, 정교하게 만들어진 고급차를 오랜 수련을 거친 솜씨로 끓여낸 차만이 달고 향기롭다고 했다. 상품은 달고 향기롭고, 중품은 달지만 쓴맛이 강하고, 하품은 단맛을 내지 못하는 것이다.

이렇게 솥에 넣고 끓여 먹는 방식은 송대로 넘어가면 완전히 달라진다. 차는 더 이상 끓이고 퍼서 마시는 것이 아니었다. 차를 위해 만들어진 전용 찻사발에 가루 낸 차를 넣고, 그 위에 뜨거운 물을 부어 금은이나 쇠로 만든 찻숟가락으로 휘휘 저어 마시는 음료가 되었다. 그러다가 대나무로 만든 솔, 즉 차선(茶筅)이라는 일종의 거품기가 탄생한다. 이 차선으로 차를 세차게 저으면 우윳빛 고운 거품이 일어나 청자나 검은색 흑유 찻사발이 더더욱 아름답고 고급스럽게 보인다. 차를 솥에 끓일 때 넣던 소금이나 귤껍질, 박하 같은 향신료에 차는 완전한 이별을 고한다. 차 본연의 색(色)·향(香)·미(味)와 차를 담는 그릇의 예술세계를 즐기는 낭만적인 시대로 들어선 것이다. 이런 방식을 점다법(點茶法)이라고 하며 오늘날까지 변함없이 이어지는 말차 마시기가 이에 해당한다.

세월이 흘러 명대에 이르면 중국 사람들은 차를 가루 내어 대나무 솔로 휘저어 하얀 우윳빛 거품을 즐겼던 낭만의 시대를 기억조차 하지 못한다. 차라는 것은 찻잎을 작은 주전자에 넣고 뜨거

차선 ⓒ남승국

운 물을 부은 후 잠시 기다렸다가 작은 찻잔에 따라서 마시는 것으로 변한다.

　달여서 마시던 차가, 휘저어 마시던 차로, 그리고 최종적으로 우려 마시는 차가 된 것이다. 오늘날 우리들처럼.

차, 거대한 수상 네트워크를 따라 동쪽으로 흘러가다

이미 몇 명의 동료를 잃고 두 번이나 실패했지만, 드디어 당나라 땅에 도착했다. 제대로 온 건지 알 수 없지만, 어떻게 해서든 양주(揚州)로 들어가야 한다. 부처님께 운명을 맡기고 온 터이지만 하루하루가 두렵기만 했다. 천신만고 끝에 굴항(屈亢)이라는 곳의 운하 입구를 찾았다. 곧 양주로 떠날 수 있다. 바닥을 평평하게 만든 배로 갈아타고 운하에 들어왔다. 운하는 폭이 두 장(丈, 6미터) 정도이고 일자로 뻗어 있었다. 여기는 운하의 지선(支線)일 뿐이라고 했다. 사람이 뱃길을 만들다니! 끝이 보이지 않을 정도로 길게 늘어선 소금배가 지나간다. 배를 밧줄로 묶었는데, 네댓 척씩 묶은 배들이 꼬리에 꼬리를 물고 이어져 있다. 신기하기만 했다. 물소가 배를 끌고 간다. 느렸지만 사람의 힘으로 하는 것보다야 백 배는 빠르다고 했다.

밤에는 지긋지긋한 모기에 시달려야 했지만 다행히 중간에 쉬어갈 수 있는 마을들이 있었다. 마을에는 요기를 할 수 있는 식당도 있고, 술을 파는 이층집도 있다. 돈이라면 얼마든지 있다는 소금장수들이 드나드는 곳이다. 노점에서는 처음 보는 과일을 판다. 딱딱한 밥에 쓴 나물로 요기를 하고 찻집이라는 곳으로 갔다. 스승님이 천태산 국청사에서 가져왔던 그 차 맛을 다시 맛볼 수 있었다. 팔팔 끓인 차를 식혀서 납작한 사발에 내준다. 한 모금 마셔 보니 쓰고 떫었는데, 시원하고 상쾌한 향기가 난다. 박하랑 귤껍질을 넣었나보다. 울렁거리던 속이 단박에 풀렸다. 아, 당에 도착한 것이 맞구나! 부처님이 끝까지 보호해 주실 것이다!

뱃멀미로 고생하다 차를 한잔 마시고 안정을 되찾은 이 일기의 주인공은 838년 당에 도착한 일본 유학승 엔닌(圓仁)이다. 엔닌은 천태종의 개창자이자 805년 천태산 국청사에서 차를 가지고 돌아와 일본에 심은 사이초(最澄)의 제자이며, 훗날 일본 최초의 대사(大師) 칭호를 받은 천태종 자각대사(慈覺大師)로 『입당구법순례행기入唐求法巡禮行記』를 남겼다.

사람이 만든 강, 운하

사천에서 시작된 차는 물길을 따라 이동한다. 그리고 사람들은 차가 전파된 중국의 동쪽 지방이 차를 생산하기 더 좋은 곳이라는 것을 알게 된다. 안휘, 절강(浙江), 복건(福建)으로 이어진 중국의 동남쪽은 비옥한 땅과 온화한 날씨 덕에 순식간에 명차의 생산지가 된다. 당나라 조정이 사천이 아닌 머나먼 양자강 끝 고저산(顧渚山)에 황제의 차를 생산하는 공다원(貢茶園)을 설립한 것은 이런 이유에서였다.

철도도 고속도로도 없던 시절 가장 효율적인 길은 수로였다. 강을 따라 수로를 이용하는 것은 옛사람들에게는 매우 중요한 일이었다. 고대 중국인들은 자연적으로 존재하는 강을 이용할 뿐 아니라, 새로운 강을 만들기도 했는데 바로 운하였다. 이 운하가 문명의 흐름을 결정했다.

한나라 조정은 보다 풍요로운 황하(黃河) 하구의 범람원 지역으로부터 북서부 지역인 수도 장안(長安)으로 곡물을 비롯한 각종 생필품을 운반해야 할 필요가 있었다. 진, 한 그리고 당에 이르기까지 그 중심지는 장안과 제2의 수도인 낙양(洛陽)을 중심으로 하는 관중(關中) 지역이었다. 한무제(漢武帝)는 상당한 비용과 노동력을 동원해 위하(渭河)를 우회해서 장안으로 바로 연결되는 운하를 건설했다.

삼국시대를 지나 위진남북조로 갈라져 있던 중국을 다시 통일한 것은 581년 수나라 문제였다. 수문제는 중국의 남쪽 지역을 점령하면서 지역 특산물인 차를 즐겨 마시게 되었다. 황제가 차를 좋아하자 신하들도 이 고급스러워 보이는 남방의 습관을 따랐

월주요 청자 다완과 잔받침, 위진남북조시대(東晉)

다. 수문제는 장안에 계획적으로 재건한 신도시를 건설하고 수도로 삼았다. 신라의 경주, 백제의 사비, 일본의 나라 등이 장안을 모델로 건설되었고 후대 동아시아 모든 국가의 도읍 건설에 표준이 된다. 수나라는 불과 37년이라는 짧은 왕조였지만, 장안을 비롯해 낙양·남경(南京)·항주(杭州)·성도 등에 도시가 발달했고 그에 발맞춰 대운하 개척 등 도로교통도 정비했다. 차의 유통은 물론 차를 마시는 관습이 퍼져나가는 인프라가 형성된 것이다.

 수대 황제들은 북부 지역의 수상 운송을 향상시키고, 수도 장안에 비옥한 강남의 곡물과 비단 그리고 자신을 위한 차를 공급하기 위해서 수로를 대대적으로 보수하고, 환적을 위한 창고들을 주요 지역에 건설했다. 먼저 문제는 584년 토사 퇴적과 계절마다 수심이 얕아져서 배를 운항하기 어려워지는 한대의 운하를 정상적으로 복구시켰다. 뒤를 이은 양제(煬帝)는 2대 도시인 낙양을 회수(淮水)와 연결시키고, 과거 한대의 수로를 거쳐서 강도(江都, 양주) 근처의 양자강에 연결시켰다. 그리고 양자강으로부터 강남 운하를 따라 항주까지 연결했다. 마지막 구간은 낙양 근처의 낙하와 황하의 합류 지점에서부터 북동부 지역인 북경(北京) 근처까지 연결되었다. 608년에 시작된 이 구간은 대운하 전체 중에서 상당 부분 새로 땅을 파내야 하는 대규모 토목공사 구간이었다.

대운하가 건설됨으로써 중국 대부분의 지역이 연결되는, 숫자로 환산할 수 없는 경제적 가치를 가진 거대한 수상 네트워크가 완성된다. 덕분에 당은 더 넓은 영역을 관할할 수 있었고, 각지의 물건들을 운송할 수 있었다. 당 현종(玄宗) 역시 대규모의 대운하 재정비 공사를 벌여 736년에 마무리했다. 이후 20여 년간 장안에서 필요로 하는 물산들이 운송되었다. 당의 관리였던 최융(崔融)은 대운하의 번성을 다음과 같이 묘사했다.

> 배들이 전국의 모든 곳에서부터 모여든다. 다른 한편으로 그들은 사천 지역과 한수(漢水) 유역에 이른다. 그들은 복건과 광동(廣東) 지역으로의 길을 알려준다. 일곱 곳의 습지와 열 곳의 늪지 그리고 세 개의 강과 다섯 호수를 통과하고 회안(淮安)과 해주(海州)를 아우르면서 황하와 낙하로 들어온다. 수천수만 척의 큰 배가 왔다 갔다 하면서 물건들을 운반한다. 만약 그 배들이 잠시라도 운항하지 않으면, 수만 명의 상인은 파산할 것이다.

또, 봉연의 『봉씨문견기』에는 "차는 강회(江淮)에서 온다. 배와 수레가 서로 이어가며 나르는데 차가 산처럼 쌓여 있다"는 기록이 있다. 차의 경제적 가치를 무시할 리가 없었던 당 왕조는 찻잎에 세금을 부과해 재정 수입을 얻었다. 차의 생산과 유통이 활발해지면서 차는 당 왕조의 경제와 무역에 중요한 자리를 차지한다.

차는 산지별 특성이 명확해서 어느 지역에서 생산된 것인가가 절대적으로 중요하다. 남부 지역 전체에 분산되어 있는 40개 이상의 현(縣)에서 차를 생산하고 있었고, 어느 지역의 제품이 최상인가에 대한 끊임없는 논쟁이 벌어지며 이른바 명차가 생산되었다. 당대에 강소와 절강 사이의 경계 지대에서 생산되는 차는 특별히 유명했다. 이 동남쪽 명차들이 머나먼 장안까지 운송되었다.

운하 건설로 비롯된 장거리 대량 수송은 새로운 생활방식을 낳았다. 배에 살면서 중국 각지를 운하를 따라 떠돌아다니며 돈벌이의 기회를 찾아다니는 상인이 등장했다. 이들은 상당한 부를 쌓았다. 당대 말기 백거이의 풍자시 「소금장수 아내鹽商婦」에서 당시의 세태를 엿볼 수 있다.

> 소금장수 아내는 금과 비단이 많아
> 밭농사나 양잠과 길쌈도 필요 없다네.
> 동서남북 어디에나 집이 있어
> 바람과 물을 고향 삼고 배가 집이라.
> 본시 양주의 가난한 집 딸인데
> 서강의 큰 장사치에게 시집갔네.

백자인화어문배(白瓷印花魚紋杯), 당, 대만 국립고궁박물원 소장

매일 좋은 밥에

일 년 내내 좋은 옷.

철도와 고속도로를 따라 도시가 생겨나듯, 운하 연변에는 개봉(開封)·양주·소주(蘇州)·항주 등의 대도시가 생겼다. 새로 생긴 대도시에는 운하를 오가는 배를 위한 시설이 만들어지고 사람들이 몰려들었다. 운하를 따라 흘러든 새로운 유행과 신상품이 중국 각지로 퍼져나갔다. 대운하는 각 도시마다 다시 세세한 모세혈관 같은 지선이 방사선으로 연결되었다.

염입본, 〈죽림오군도竹林五君圖〉 부분, 당, 대만 국립고궁박물원 소장

『다경』을 쓴 차의 신 육우도 이 혜택을 누렸다. 태어날 때부터 고아였으며 호북(湖北)의 시골 사찰에서 자란 육우는 양자강을 따라 뱃놀이를 하면서 차를 연구했다. 또한 안진경을 비롯한 당대 최고의 문인들과 사통팔달 수로의 중심지인 양자강 하류의 양주에서 교류했다. 1200년을 이어온 스테디셀러 『다경』의 탄생은 당

대의 석학들과 교류하면서 얻은 깊이 있는 학문적·예술적 성향의 결과물이라고 보아야 할 것이다.

양주는 가로로 흐르는 양자강과 세로로 놓인 북경에서 항주 사이의 경항(京杭) 대운하가 교차하는 주요 접점이라는 지리적인 이점을 타고 대규모 국제도시로 변화한다. 당시 양주는 중국과 외부 세계와의 관문이었다. 주요 도시로 연결되는 대운하뿐만 아니라 동쪽 바다 굴항으로 운하가 연결되어 있어서 신라와 일본으로 오갈 수 있었다.

엔닌의 『입당구법순례행기』에는 838년 여름 양주 앞바다 굴항에 도착해서 양주까지 들어가는 과정에서 이용한 운하의 모습이 자세히 기록되어 있다.

7월 18일

오전 10시경 양주로 떠났다. 물소 두 마리를 40여 척의 바닥이 평평한 배에 묶어 당기게 하거나 혹은 3척을 엮어 1척으로 만들고 또는 2척을 엮어 한 배로 하여 밧줄로 묶었다. 앞뒤 거리가 멀어 말소리를 듣기가 힘들어 서로 고함치는 소리가 심했으나 제법 빨리 갔다. 운하의 너비는 약 6미터나 되었고 곧게 흘러 굽이가 없었다. 이 운하는 수나라 양제가 개착한 것이다. 밤이 되니 모기가 많아 고통스러웠다.

7월 20일

소가 끄는 것이 빨랐다. 사람들이 말하길 소 한 마리 힘이 곧 100명의 힘과 맞먹는다고 했다. 오후 2시경 여고진(如皐津) 찻집에 들러 잠시 머물렀다. 운하 기슭에는 점포들이 늘어서 있었다.

7월 21일

소금장수의 배가 소금을 싣고 가는데, 서너 척 혹은 네댓 척을 길게 묶었다. 이렇게 묶은 배들이 수십 리나 끊이지 않고 서로 꼬리를 물고 가고 있었다. 처음 보는 광경이라 표현하기 힘들지만 몹시 신기했다.

당 말기 "양주가 최고이고, 익주(益州, 사천성 성도)가 그 다음이다(揚一益二)"라는 말이 생겨났다. 문명의 중심축이 변했다는 것을 말해준다. 사천, 광동, 복건 그리고 오늘날의 베트남과 같은 각지에서 온 배들이 양주를 거쳐 갔다. 대양을 항해하는 배들이 실어 오는 물건과 문화도 양주에 도착해서 다시 당의 거대한 수상 네트워크를 타고 장안으로 흘러 들어갔다. 그리고 당의 물건과 문화도 양주를 통해서 외부 세계로 흘러 나갔다. 운하는 종교와 신문명 그리고 차가 동아시아 전체로 퍼져나가는 데 필요한 핵심 인프라였다.

거대한 수상 네트워크 바닷길

차와 차도구 그리고 차를 마시는 문화가 장안에서 운하를 따라 양주로, 다시 바닷길을 따라 신라로, 그리고 일본으로 전파되는 거대한 수상 네트워크가 형성되었다. 명차의 생산지인 지금의 안휘, 절강, 복건 지역의 차는 바닷길을 따라 동쪽 신라와 일본으로 건너간다. 신라와 일본으로 건너가는 차의 전달자는 누구였을까? 새로운 문화의 전달자는 언제나 그러하듯 유학생들이다. 특히 당시 상류층이자 학식을 갖춘 승려들이 구법(求法)을 위해 유학을 떠났다.

최초의 유학생은 신라 승려 각덕(覺德)이었다. 그는 남북조시대 양(梁)나라에 가서 불법(佛法)을 공부하고 진흥왕 10년(549) 귀국한다. 이후 신라의 젊은이들은 중국 유학을 꿈꾸었다. 수나라 양제 시대에 이르면 외국 사절의 접대 및 조공 관련 업무를 담당하는 홍려사(鴻臚寺) 사방관(四方館)에서 외국 학승의 교육을 실시할 정도로 유학승이 늘어난다.

세상에서 가장 위대한 여행기로 꼽히는『대당서역기大唐西域記』를 쓴 당나라 승려 현장법사(玄奘法師)는 17년간의 구법 여행을 마치고 돌아와『대당서역기』를 남겼으며, 남은 생을 불경 번역에 전념했다. 현장법사의 문하에는 여러 명의 신라 유학승이 있었는데, 천축에서 가져온 불경 번역을 도왔다. 대표적으로『반야심경』번역을 도맡았던 승려는 신라 출신 지인(智仁)이었다. 신라의 유학생들은 사원에 널리 퍼진 차를 마시는 생활을 경험하게 되며, 당을 넘어 서역의 여러 나라에 대해서도 알게 된다. 이들은 어떤 경로를 통해 당으로 들어갔을까?

당에서 불법을 익히고, 신라로 돌아와 새로운 화엄의 세계를 열었던 의상대사(義湘大師)는 661년 배를 타고 서남쪽 양주로 들어간다. 황해의 해류 중심이 북에서 남으로 흐르므로 오직 바람과 해류의 힘으로 배를 이용하던 당시에는 서남쪽으로 항해해서 지금의 상해(上海) 북쪽 양주 앞바다로 들어간 후, 수로의 사통팔달인 국제도시 양주에 도착하면 대운하를 따라 장안으로 이동할 수 있었다. 따라서 이 길이 구법승들의 일반적인 루트였을 것이다. 당에서 돌아올 땐 산동반도(山東半島)에서 출발해서 바로 황해를 건너는 것이 가장 효율적이었다.

엔닌의 『입당구법순례행기』를 통해서 당시의 바닷길을 정확하게 알 수 있다. 엔닌은 838년 출항하여 우여곡절 끝에 중국 양주에 상륙했다. 양주-등주(登州)-적산법화원(赤山法華院)-오대산(五臺山)-장안-적산(赤山)-해주를 돌았다. 귀국길은 중국 산동반도 적산포에서 충청도 앞바다를 거쳐 전남 앞바다를 따라 완도와 대마도를 거쳐 규슈(九州)로 항해했다. 엔닌의 항로는 장보고 선단의 항로였다. 장보고는 전라남도 완도의 청해진을 거점으로 신라·당·일본을 연결하는 무역 루트를 장악했으며, 견당매물사(遣唐買物使)를 파견해 당과 교역했다.

서역인이 낙타를 타고 음악을 연주하고 있다.
당삼채 도자기, 당, 중국 역사박물관 소장

뿐만 아니라 아랍에서 온 상인들과도 활발한 해상 무역을 했다.

서쪽으로는 북아프리카와 이베리아반도(스페인), 동쪽으로는 페르시아 지역을 넘어 인도의 인더스강까지 영토를 확장했던 이슬람 세력의 아랍 상인들을 동아시아에서는 대식국(大食國) 상인이라 불렀다. 신라 승려 혜초(惠超)는 파사국(波斯國, 페르시아)에서 열흘 정도 가면 대식국이 있는데, 그들은 하늘을 믿으나 불법(佛法)을 알지 못해 살생을 좋아한다고 했다(『왕오천축국전往五天竺國傳』). 당시 엄청난 숫자의 아랍 상인들이 동아시아에서 활약하고 있었다. 아랍 상인들은 장보고가 해상권을 쥐고 있던 신라와도 활발한 무역을 했다. 일본 정창원(正倉院)에 소장되어 있는 문서 중 신라에서 사온 물건 목록인 〈매신라물해買新羅物解〉에는 중국·동남아시아·인도·아랍·페르시아 등에서 온 각종 향료, 안료, 주사(朱沙), 후추, 염료, 약재 등이 기록되어 있다. 현 정창원에는 서역에서 온 각종 향료와 약재뿐 아니라 악기와 직물, 유리그릇과 금속 기구 등이 소장되어 있다. 신라인들은 아랍 상인과 교역한 물건들을 다시 일본에 판매하는 중개 무역을 한 것이다.

현재 경주에 남아 있는 아랍인의 모습을 한 석상과 그들이 가지고 왔던 유리그릇에서 그들의 흔적을 엿볼 수 있다. 916년경 아부 자이드(Abū Zayd)가 쓴

유리제 잔, 국립경주박물관 소장

35

『중국과 인도 이야기*The Story of China and India*』에는 한반도를 '실라(Sila)'로 기록하고 있다. 후에 그들은 고려와 무역을 하며 고려를 세계에 소개했다. 지금의 코리아(Korea)라는 이름이 생겨난 출발점이다.

당의 중심지 장안에서 출발해 강과 운하를 타고 양주에 이른 차와 당의 국제적인 문물은 다시 바닷길을 건넜다. 당에서 활동하던 최치원이 고향집에 차를 보내고, 신라 승려와 일본 승려들이 중국차를 마실 수 있었던 것은 당시의 원활한 국제 교역을 가능하게 했던 거대한 수상 네트워크 덕분이었다.

신라로 보내진 차

고향집에 차와 약을 사서 보내다

오래도록 고향 사신이 없어 가서(家書)도 부치기 어려우며 오직 척호(陟岵)의 시를 읊으며 바다를 건너가는 신(信)편을 만나지 못하던 차에, 지금 본국의 사신 배가 바다를 지나가기에 저(某)는 차와 약을 사서 가신(家信)을 부쳐 보내고자 하는데…

「사탐청료전장謝探請料錢狀」, 『동문선東文選』

신라 최고의 문인 최치원(崔致遠)이 고국의 가족들을 그리워하다가 사신이 떠나는 배를 만나 고향집에 차와 약을 사서 보내면서 쓴 편지글이다. 당시 당에 거주하는 사람이 집으로 보내고 싶어

했던 물건은 차와 약이었다. 이미 신라에도 차나무가 자라고 있었지만 중국의 명차는 선물로 보내고 싶은 가장 좋은 아이템이었다.

육두품(六頭品) 신분으로 태어나 신라 최고의 귀족들에게 억눌렸던 젊은 인재 최치원은 당으로 건너가 과거시험에 합격하고 관직을 얻는다. 또한, 황소의 난이 일어났을 때 황소(黃巢)에게 보내는 격문 「격황소서檄黃巢書」로 명성을 얻는다.

당의 국제도시이자 신라로 오가는 관문이었던 양주에서 관직생활을 하던 최치원은 차를 즐겼으며, 차를 깊이 이해하고 있었다. 햇차를 받고 사례하는 글에서 차의 맛과 향에 대한 수준 높은 품평을 하고 있다.

가야토기 손잡이 잔, 가야, 국립김해박물관 소장

… 아무개는 아뢰옵니다. 오늘 중군사(中軍使) 유공초(庾公楚)가 분부를 받들어 아차(芽茶)를 보내왔습니다. 엎드려 생각하건대, 촉강(蜀岡, 강소성 양주시 서북부 차산지)에서 빼어난 기운을 받았고 수원(隋苑, 강소성 강도현에 있는 수양제가 만든 상림원)에서 꽃 같은 향기를 날리다가 비로소 좋은 잎을 골라 따고 만드는 공력이 더해져서야 바야흐로 맑은 맛을 갖추었으니 녹유(綠乳)를 금솥에 끓이고 향고(香膏)를 옥잔에 담아 마땅할 것이오니 … 뜻밖에 훌륭한 선물이 외람되이 범상한 선비에게 미치오니…

「사신다장謝新茶狀」, 『동문선』

어린잎으로 만든 햇차를 받고 이 차의 품격을 촉강의 기운과 수원의 꽃향기를 갖춘 최고품이라고 칭찬한다. 따라서 이 차는 귀한 금솥에 끓이고, 옥잔에 담아야 마땅하다고 적어 최고품 차를 선물 받은 감사의 뜻을 표현했다. 최치원이 받은 차는 강소성에서 난 어린 찻잎으로 만든 고급 단차였을 것이다.

차 이야기로 비문을 쓰다

명문장가로 명성을 얻은 최치원은 885년 고향으로 돌아온 후 신라 고승들의 비문(碑文)을 부탁받아 여러 고승의 비문을 짓는다. 그중 당나라에서 27년간 불법을 배우고 돌아와 지리산에 옥천사

(현 쌍계사)를 창건한 진감선사(眞鑑禪師)의 비문을 쓰게 되는데, 진감선사는 당에서 차 씨앗을 가져와 절 주위에 심고 보급한 선승이었다.

> … 누가 한명(漢茗)을 주면 찻가루를 내지 않고 돌솥에 넣어 섶나무를 불 때서 끓였다[煮]. 그리고 말하기를 "나는 이 맛이 어떤지를 알고자 하지 않으며 그저 배를 적실뿐이다"라고 했다. 참된 것을 지키고 속된 것을 싫어함이 이와 같았다. …
> 「진감화상비명眞監和尙碑銘」, 『고운선생문집孤雲先生文集』

누군가 한명(중국차)을 선물하면 그것을 가루 내 체에 쳐서 끓이는 방법을 쓰지 않고 간소하게 돌솥에 그대로 끓여 마시며, 차 맛에 대해 좋고 나쁨을 분별하지 않는다는 것으로 진감선사의 승려다운 면모를 나타냈다. 즉, 진감선사가 아닌 다른 사람들은 차를 가루 내 돌솥에 끓여서 마셨다는 것을 알 수 있다. 한반도의 차문화가 가장 발달했던 고려시대의 문인들이 남긴, 차를 노래한 시에는 돌솥에 차를 끓이는 장면이 무수히 나온다. 신라시대부터 차를 끓일 때 돌솥을 사용했기 때문이다.

신라시대, 유학을 다녀온 석학들이었던 승려들은 상류층 출신으로 사회적인 존경을 받았기 때문에 최고 권력자인 왕으로부터 귀한 중국차를 선물 받기도 했다. 또한, 스승에게 보내는 예물로 차와 향(香)을 보내는 것은 불가에서는 흔한 일이었다. 당에 들어가

20년간 선불교를 배운 후 선문구산(禪門九山) 중의 하나인 공주 성주사를 세웠으며, 40여 년간 신라의 여러 왕에게 존경받았던 무염선사(無染禪師)의 비문에도 최치원은 이런 내용을 기록한다.

> … 당시 헌안대왕은 즉위하기 전에 서발한(舒發韓, 관직)으로 추증된 불자 김양(金陽)과 함께 좌·우의정으로 있었는데, 멀리서 제자의 예를 행하여 차와 향을 예물로 바치며 어느 달도 거른 적이 없었다. 그리하여 대사의 명성이 온 나라에 자자하여…
> 「무염화상비명無染和尙碑銘」, 『고운선생문집』

이처럼 신라의 문인과 승려에게 차를 마신다는 것은 특별한 일이 아니었다.

신라인 사찰 적산법화원에서 차를 마시다

중국 전역에서 차가 일용품이 될 무렵 중국 동쪽 항구와 한반도, 그리고 다시 일본으로 이어지는 바닷길을 잇는 수상 네트워크의 주역은 신라인이었다. 신라에서 당으로 간 물건은 금·은·동 공예품과 직물 공예품 등이었고, 당에서 신라로 건너간 물건은 서적·차·의복·비단 등이었다. 신라인들은 이 무역선을 타고 당으로 들어갔다. 구법, 장사, 학문, 과거시험 등 그 목적 또한 다양했다.

당의 번성한 항구 도시에는 어디나 신라타운이 있었다. 중국 내 신라인이 거주한 지역은 산동성, 강소성, 절강성, 복건성 등으로 산동성을 제외한 나머지 지역은 모두 주요 차 생산지이다. 당에 거주하는 신라인들에 의해 차가 신라로 전해진 것은 자연스러운 일이었다.

새로운 땅을 찾아 떠난 이민자들은 종교에 의지해 공동체를 이루고 삶의 기반으로 삼는 경우가 많다. 외지에 나와 사는 신라인들도 사찰을 중심으로 각자의 터전을 이루었다. 장보고가 산동반도 적산포에 세운 신라인 사찰 적산법화원은 연간 500석의 곡식을 수확하는 토지를 소유했으며, 당시 산동반도 일대에 살던 신라인들의 신앙 중심지였다. 또한, 장보고가 활동하던 시기 신라와 당 사이의 외교 사절이 경유지로 머물던 곳이기도 했다. 장보고의 대당매물사 선박이나 일본으로 가는 교관선(交關船)이 이곳을 기점으로 오갔다.

엔닌의 『입당구법순례행기』에서 중국에 머물던 신라인들의 생활상을 구체적으로 엿볼 수 있다. 엔닌은 바다를 건너갈 때, 건너올 때, 중국에서 관아를 이용할 때, 위험에 처했을 때 신라인의 도움을 받는다. 신라의 배를 이용하고, 신라인 통역의 도움을 받고, 신라인 사찰에 의탁한다. 당시 일본 견당선(遣唐船)에는 신라인 통역이 몇 명씩 승선했으며, 당에서의 모든 편의를 도맡았다.

엔닌은 "해질 무렵 청익법사, 유정, 유효 등과 절에 올라갔다. 우연히 큰 스님을 뵙는다. 여러 스님 30여 명이 넘었다. 서로 만나 차를 마셨다. 밤에 그곳에서 잤다(839년 6월 8일)"고 기록하고 있다. 당시 신라 사찰에서도 차를 마시는 생활을 하고 있었다는 것을 알 수 있다. 또 "이른 아침에 현의 장관이 초청을 했으므로 만날 수 있었다. 문으로 들어가 사군(使君)을 참견했더니 안으로 맞아들여 차를 내주었다(840년 3월 3일)", "아침에 아문에서 공험(여행 허가서)을 받았다. 상서는 마포 3단과 차 6근을 하사했다(840년 4월 1일)"는 내용으로 보아 당에 살던 신라인들의 생활 속에도 차

산동성 적산법화원 전경

는 일상적인 것이었다고 볼 수 있다.

신라인이 당에 들어가 관직을 차지할 정도로 당과 신라는 매우 밀접한 관계를 갖고 있었으며, 당에 거주하는 신라인들은 복합문화를 형성하며 생활의 터전을 가꾸었고, 당나라 사람들처럼 차를 마시는 생활을 했다. 이들은 최치원이 그러했듯이 신라의 가족과 친지들에게 중국차를 보냈을 것이다. 이렇게 당에서 신라로 전해진 신라의 차 마시는 습관은 융성했던 고려 차문화의 밑받침이 된다.

지하궁전 속에 잠자던
천 년 전 차도구

글로벌 게스트가 참가한 청명차연

당나라를 배경으로 하는 중국 영화나 드라마를 보면 스토리보다 주인공들의 의상과 분장, 갖가지 소품과 인테리어, 악기와 무용 등의 화려함에 놀라곤 한다. 법문사(法門寺) 지하궁전 출토품은 그 화려함이 단지 상상력에 의한 것이 아니라는 것을 증명한다.

전성기 당의 수도 장안은 인구 100만이라는 어마어마한 규모로 당시 지구상에서 가장 번성하고 가장 개방적인 국제도시였다. 실크로드를 거쳐 장안으로 몰려든 서역인들은 아랍과 서양의 문물을 가지고 왔고, 발해·신라·일본·안남(베트남)·회흘(위구르)·토번(티베트) 등 200여 개국이 당과 교역했다.

주방(周昉), 〈내인쌍륙도內人雙陸圖〉, 당, 대만 국립고궁박물원 소장

동쪽으로는 대운하 정비로 원활해진 수상 네트워크를 따라 신라와 일본의 유학생들이 몰려들었다. 뿐만 아니라 서양의 종교도 들어왔다. 페르시아에서 온 선교사 올로판(Olopen)은 당 태종(太宗)의 배려로 경교(景敎)라 불렸던 네스토리우스파 기독교를 세워 자유롭게 선교 활동을 했다.

지금의 파키스탄에 이르는 지역까지 파견되었던 고구려 출신 고선지(高仙芝) 장군은 751년 탈라스 전투에서 크게 패배했는데,

이때 포로가 된 당군은 약 2만여 명으로 바그다드를 비롯해 이슬람권 전역에 배치되었다. 그들이 아랍에 중국의 선진 기술을 전해줬는데, 대표적인 것이 종이였다. 문명과 신기술이 오가는 교류와 통합의 시대가 열린 것이다.

당시 장안은 그야말로 모든 문명의 허브였다. 당에 거주하는 외국인 비율은 전체 인구의 5퍼센트에 해당할 정도였다. 서역에서 온 진귀한 향료와 반짝이는 유리그릇은 장안 귀족들의 선망의 대상이었으며, 서역의 영향을 받은 음악과 무용은 우아함과 화려함을 동반한 수준 높은 예술로 자리 잡았다. 특히 고대 중국 음악은 정치적 산물이었다. 음악을 통해 정서를 고양한다는 유교적인 기준에 의해 만들어졌으므로 사람들의 예술적인 욕구와는 거리가 있었다. 그런데 당에 이르러 음악에 대한 개념 자체가 바뀌었다. 다채로운 서역의 악기, 자유로운 운율 덕분에 음악은 의례를 위한 것에서 벗어나 진정한 예술이 되었다. 두보, 백거이, 한유(韓愈) 등의 시인과 서예의 구양순(歐陽詢), 안진경 등이 이런 문예부흥 분위기 속에서 탄생한다.

약품이자 식품이었던 차는 이런 사회경제적인 흐름을 타고 귀족과 문인들이 애용하는 기호품이 되었다. 이들의 모임에는 차가 등장했고, 이들은 차를 예찬하는 시를 남겼다. 장안 시내에는 차를 파는 점포가 생기고, 일반 서민들에게도 쌀이나 소금 같은 생필품으로 자리 잡는다. 차밭을 일구어 전업으로 삼는 차 농가가 생겨나면서 차는 산에 들어가 한 바구니씩 채취해 오는 것이 아니라 대단위로 재배되는 농산품이 되었다.『봉씨문견기』에 이러한 상황이 잘 묘사되어 있다.

> 시중에 많은 점포가 차를 끓여 판다. 도속(道俗)을 가리지 않고 돈을 던져 그것을 사 마신다. 강회로부터 오는 배와 수레가 끊이지 않고 도착하는 곳마다 차를 산처럼 쌓아 놓았으며, 그 종류와 금액은 정말 여러 가지다.

고대인에게 봄을 맞이한다는 것은 매우 중요한 일이었다. 농경의 시작을 의미하기 때문이다. 그 기점이 되는 날이 바로 청명절이었다. 궁정에서는 이날 청명차연(淸明茶宴)이라는 성대한 연회를 열었다. 왕공대신, 황제의 친척과 귀족은 물론 수많은 외국 사절이 참석하는 국가 의례였다. 장안에는 동서를 가리지 않고 멀리서 찾아온 외국인이 거주하고 있었으며, 황제는 주요 외국 인사들을 청명차연에 초대해서 황제의 위엄과 권위를 과시했다. 따라서 차연은 성대하고 화려했다.

청명차연에서 사용한 차는 장안에서 수천 리 떨어진 고저산에 설치한 공다원에서 채취한 햇차였다. 당대 시인 장문규(張文規)는 「호주공배신차湖州貢焙新茶」라는 시에서 당시 청명차연에 쓰일 고저산 공다원의 자순차(紫筍茶)를 맞이하는 궁정의 분위기를 이렇게 묘사했다.

> 황제가 봄놀이에서 살짝 취해 돌아오니
> 궁녀들이 황제의 가림막을 열고 물을 올린다
> 목단꽃 같은 미소로 금빛 머리장식이 흔들리며
> 오흥의 자순차가 도착했다고 아뢰노니

황제의 가마가 봄맞이 나갔다가 막 돌아오고, 황제는 살짝 취했다. 이때 궁녀가 차를 가지고 황제에게 올리며 자순차가 도착했음을 알리는 모습을 목단꽃이 미소 짓고 머리장식이 흔들린다고 했는데, 이는 궁정 사람들이 햇차가 도착한 것을 기뻐하는 모습을 표현한 것이다. '오흥자순(吳興紫笋)'은 당시 최고의 명차였던 절강성 장흥(長興) 고저산의 자순차를 가리킨다.

청명차연은 예관(禮官)이 집행하는 대형 연회였다. 궁중에는 차 달이는 일을 전문적으로 하는 차박사(茶博士)가 있어서 차를 달이고, 궁녀들은 차를 올린다. 궁녀들이 차를 돌리러 오가는 양쪽에는 위풍당당한 의장대가 서 있으며, 궁정 마당에서는 화려한 가무 공연이 펼쳐진다. 황제는 참석자들을 치사하고, 문인들은 시를 짓고, 백관(百官)들은 황제의 권위를 찬미한다. 차향이 가득한 가운데, 전각 계단 위에서는 현악기가 연주된다. 탁자 위에는 정교하게 만든 각종 다식과 과일 등이 펼쳐져 있다. 연회를 마치면 황제는 대신들에게 차를 하사하는데, 대신들은 하사받은 차를 진귀한 보물처럼 여기며 무한한 영광으로 삼았다.

지하 보물창고의 차도구

1987년, 당대의 궁정 차연이 얼마나 화려했는가를 짐작할 수 있는 사건이 일어났다. 섬서성(陝西省) 서안(西安) 교외에 있는 법문사에서 당대의 차도구가 발견됐다. 지금까지 적지 않은 문헌을 기초로 추측만 하던, 천 년 전 청명차연에서 사용한 궁정 차도구가 홀연히 눈앞에 나타나는 놀라운 일이 벌어진 것이다.

절반 정도 무너진 법문사 팔각 13층 진신보탑 수리를 위한 발굴조사 중 이른바 지하궁전이라고 부르는, 세 구역으로 나뉜 지하 매장 시설이 발견된다. 이곳을 가득 채운 2,900여 점의 매장품 중 가장 중요한 것은 불사리(佛舍利)였지만 금은기, 동기, 자기, 유리그릇, 궁정 의상 등 당 궁정의 호화로운 생활과 뛰어난 미의식을 보여준 걸작들이 대량 출토되었다. 그중에서도 눈길을 끄는 것은 궁정 차연의 화려함을 짐작하게 하는 금은으로 만든 차도구, 상상과 추측으로만 알려져 무엇을 비색(秘色) 청자라고 하는지 의견이 분분했던 비색완(秘色碗)이다.

법문사 출토품에는 매장 시기와 매장품 내역을 기록한 '의물장(衣物帳)'이라 칭하는 비석도 있었다. 따라서 모두 정확한 명칭과 매장 시기를 알 수 있다는 점에서 더욱 중요한 의미를 지닌다. 의물장에는 법문사 출토품들이 당 의종(懿宗) 때인 874년 1월 4일에 매장됐으며, 금으로 만든 다구에는 868년에서 869년에 문사원에서 제작된 것임을 표기하고 있다.

출토된 차도구로는 차를 끓일 때 사용하는 은제 풍로, 부순 차를 분말로 만들 때 사용하는 은도금 차연, 뚜껑과 망 역할을 하는 비단과 대좌가 조합된 차 분말을 고르게 치는 체, 차를 뜨는 도금 국자, 차에 넣을 소금을 담아 두는 굽이 달린 소금그릇, 병차의 습기를 제거하기 위해 불에 쪼일 때 사용하는 은젓가락, 티스푼 모양의 은시 등이다. 이 은시는 차를 젓는 도구로 송대에 출현하여 오늘날까지 사용하는 차선의 원형으로 보인다. 갈아서 체에 친 차를 보관하는 용도의 거북 모양 합도 있다. 거북의 입에서 차 분말이 나오도록 구성되었고, 차 분말의 향과 색이 잘 보전될 수 있도록 고안된 것이다. 모두 화려한 문양과 형태를 자랑하지만 그중 가장 섬세하고 정교하게 만들어진 것은 차를 담아 두는 궤이다. 금과 은으로 만든 실처럼 가느다란 금은사를 엮어서 만들었다. 당시 금은 세공 기술의 결정판이라 할 수 있다.

『다경』은 이 차도구들이 매장되기 약 100년 전에 저술되었다. 『다경』에서는 솥에서 끓인 뜨거운 물의 가운데를 죽책으로 휘저어 물 온도를 균일하게 만든 후 소용돌이가 일어나는 한가운데에 가루 낸 차를 넣어 끓인다. 그리고 이것을 다완에 담아 마시는 방식이다. 가루 낸 차를 다완에 담은 후 휘젓는 차시나 차선은 아직 없었다. 그런데 법문사에 차도구가 매장된 해로부터 약 200년 후인 1064년에 쓰인 송대의 『다록茶錄』에는 "차시는 무거워야 격불하는 데 힘이 가해진다. 황금으로 만든 것을 최상으로 치지만 세간에서는 은이나 쇠로 만든다"라고 기록하고 있다. 솥이 아니라

1. 차를 가는 차연 2. 차를 치는 체 3. 차를 담는 금은사궤

4. 체 친 차를 담는 합 5. 은시 6. 소금그릇

찻사발에 차를 넣고 뜨거운 물을 부어 차를 젓는 도구로써 차시가 사용된다는 것을 알 수 있다. 즉, 법문사 차도구가 사용되는 시점은 차를 솥에 넣고 끓이는 자다법에서, 다완에 넣고 휘젓는 점다법으로 가는 중간 과정이다. 그렇다면 법문사의 차시는 지금까지 문헌으로 추측했던 것보다도 빠른 시기에 차를 뜨거운 물에 타서 마시는 방법이 나타나기 시작했다는 것을 말해준다. 즉, 이미 당대에 차를 끓이지 않고 뜨거운 물을 부어 저어서 마시는 방식인 점다법이 시작된 것이다. 이 차시는 점다법의 변천과정을 추정하는 데 매우 중요한 유품이다.

최고의 찻사발 월주요 비색완

법문사 차도구에는 금은이 아닌 도자기 찻그릇이 출현한다. 매장품 목록에 '비색완'이라고 명기된, 둥근 꽃 모양으로 만들어진 청자 찻사발이다. '비색'이란 말 자체는 이미 여러 문헌에도 등장한다. 단, 이 비색이 청자를 가리키는 것이라 해도 그 형태와 색감까지 구체적으로 알기는 어려웠다. 그런데 약간 황색 느낌의 청자완이 발견되었다. 이로써 월주요(절강성) 청자를 비색이라고 불렀다는 것을 알 수 있다. 고려청자의 색상을 말할 때 사용하는 벽옥색 '비색(翡色)'이 아니라 비밀스러운 색감을 뜻하는 비색(秘色)이다.

차를 마신다는 것의 예술적 가치를 중요하게 여겼던 육우는 여러 가지 차도구 중에서 차를 마시는 그릇인 다완에 대해 매우 정교하고 까다로운 품평을 한다. 그 시대에 만들어지던 자기를 산지별로 일일이 등급을 매기고, 차를 마시기에 가장 적합한 것으로 비색 다완인 월주요 다완을 꼽는다. "주발은 월주(越州)가 상품이고 그 다음은 정주(鄭州), 무주(婺州), 악주(岳州), 수주(壽州), 홍주(洪州)"라고 했으며, 최고의 청자 월주요 다완은 옥과 같으며 얼음과 같다고 표현하고 있다. 육우의 월주요 다완에 대한 사랑은 두 가지 이유에서였다.

첫째, 차의 덕과 찻그릇의 덕이 맞아야 한다는 것이다. 육우는 차는 성질이 차서 품행이 바르고 검소한 덕을 가진 사람에게 어울린다고 했다. 따라서 옥과 같고, 얼음과 같은 덕을 갖춘 그릇이 좋다고 한 것이다.

둘째, 차의 색과 찻그릇의 미적 관계이다. 월주자기는 푸르기 때문에 차의 색이 아름답게 드러나 보이지만, 수주자기는 황색이므로 차가 자줏빛으로 보이게 하고, 홍주자기는 차가 검게 보이게 하므로 좋지 않다는 것이다.

한편 이 무렵 청자와 함께 인기를 끌던 자기가 화북(華北) 지방에서 구워진 형주(邢州) 백자였다. 육우는 백자를 별로 좋아하지 않은 것 같다. "형주의 그릇은 흰색이므로 차의 색이 붉게 보인다"고 하며 부정적인 표현을 사용하고 있다. 청자도 나중에는 보다 깊이를 느끼게 하는 흑유 다완에게 자리를 양보하지만, 육우는 백

비색 청자 접시, 당, 중국 법문사 박물관 소장(←)
비색 청자완(秘色靑瓷洗), 오대(五代), 대만 국립고궁박물원 소장(→)

자보다 청자를 높이 평가하고 있다. 궁중에서 비색 청자를 사용한 것으로도 월주요 다완의 위치를 알 수 있다.

　법문사 차도구는 궁중에서 사용한 것이므로 당시 차도구의 일반적인 형태라고 볼 수 없는 것들이지만, 우리는 이 도구들을 통해 최상류층이 차를 대하는 특별한 마음가짐을 짐작할 수 있다. 멀리 공다원에서 올라온 신선한 햇차와 금은으로 만들어진 차도구는 정치적·외교적 의례이자 연회인 청명차연에서 사용함으로서 황제의 권위와 부를 과시하는 데 더없이 좋은 재료였다.

신선이 되다

일곱 잔의 차

차가 약이면서 기호품이 된 것은 차를 마신 후 신체적인 변화나 효용과 함께 정신적인 변화가 일어나기 때문이다. 그래서 문인들은 차를 마신 후의 느낌을 시로 표현하곤 했다. 뛰어난 시가 많이 있지만 가장 사랑받는 것은 9세기 최고의 문인 노동의 「칠완다가七椀茶歌」일 것이다. '다선(茶仙)'이라 불릴 정도로 차를 즐겨 마신 노동은 「칠완다가」에서 하늘을 나는 신선이 될 듯 겨드랑이에서 맑은 바람이 일어난다고 읊었다. 도대체 어떤 차를 마셨길래 신선이 될 듯하다고 읊었을까?

노동의 친구 맹간의(孟諫議)는 산속에 은거하고 있던 노동에게

300편의 동그란 차를 하얀 비단에 싸서 보냈다. 강소성 의흥(宜興)산 양선차(陽羨茶)였다. 당시 절강성 고저산 자순차, 사천성 몽정차(蒙頂茶)와 함께 조정의 청명차연에서 쓰이던 세 가지 명차 가운데 하나였다. 귀한 황실차를 받은 노동은 감격하지 않을 수 없었을 것이다. 그래서 직접 차를 달여 마시고 첫 번째 잔부터 일곱 번째 잔까지의 소회를 남겼고, 이 일곱 잔의 차에 대한 감상이「칠완다가」라는 이름으로 후세에 길이 남는다.

첫 번째 잔은 목구멍과 입술 적시고
두 번째 잔은 외로운 번민을 씻어주고
세 번째 잔은 마른 창자를 적시고
가슴 속엔 오직 오천 권의 문자만이 남게 되며
네 번째 잔은 가벼운 땀이 솟아나
평생의 시름이 모두 모공을 통해 흩어지네.
다섯 번째 잔은 피부와 뼈가 맑아지고
여섯 번째 잔은 신선의 경지에 이르네.
일곱 번째 잔은 마시기도 전에 양쪽 겨드랑이에 맑은 바람 솔솔 이네.

첫 번째 잔은 입안의 마른 갈증을 없애주는 한잔이다. 첫잔이 육체의 갈증을 해소했다면, 두 번째 잔은 정신적인 갈증을 해소해 머릿속 번민을 사라지게 한다. 세 번째 잔은 몸과 마음이 정리되니 문자향(文子香)만 남고, 네 번째 잔은 몸에서 땀이 솟고 카타르시스를 느끼면서 평생의 시름이 몸 밖으로 모두 빠져 나가는 듯한 해방감이 찾아온다. 몸과 마음이 정화되어 다섯 번째 잔에 이르니 맑고 정결한 육신에 이르고, 여섯 번째 잔에 드디어 신선의 경지에 가까워졌다. 그리고 일곱 번째 잔에 노동은 신선이 된다.

「칠완다가」의 일곱 번째이자 마지막 차 한잔에 관한 구절은 수없이 인용되는 명문이지만, 해석에는 여러 가지 이견이 있다. 노동은 과연 일곱 번째 잔을 마셨을까? 아니면 마시지 않았을까? 마시기도 전에 겨드랑이에 맑은 바람이 불기 시작했다 하니, 그 일곱 번째 잔을 마시고 나서 신선의 자유로움을 느꼈을 것이다.

중국 차문화에 새로운 시대를 연 대표적인 인물은 당대의 육우와 노동이다. 평생 차를 연구해 차의 경전 『다경』을 남긴 육우가 최초의 차 연구자였다면, 노동은 차를 노래한 시인이었다. 「칠완다가」는 「주필사맹간의기신다走筆謝孟諫議寄新茶」라는 시의 일부분으로 차 역사상 가장 많이 인용되는 문장이며, 동아시아의 문인들은 오랫동안 이 시를 즐겨 암송했다. 차를 일곱 잔 마시고 나니 세속의 모든 번민에서 벗어나 마치 신선이 된 듯하다는 것이 지나친 과장이 아닌가 싶지만, 실제로 차에 심취한 사람들은 이구동성 노동의 표현에 공감한다.

옥천자(玉川子) 노동은 어려서부터 소실산(少室山)에 은둔하여 차를 달이며 소요하는 삶을 살았다. 신선이 되겠다는 허망한 꿈도 갖지 않았다. 그는 "늙지도 않고 죽지도 않는 불로불사에는 조금도 관심이 없고, 차 맛만을 마음에 둔다"고 했다. 가난했지만 청렴

전선(錢選), 〈노동팽다도盧仝烹茶圖〉 부분, 송, 대만 국립고궁박물원 소장

한 선비적 풍격을 갖추었으며 벼슬에는 나가지 않았다. 그러나 유유자적 은거의 삶을 살아도 운명은 피해갈 수 없었다. 당시 당나라는 환관의 횡포가 극심하던 때였다. 문종(文宗) 황제의 충신과 환관 세력 사이의 격렬한 정치 투쟁의 회오리에 휘말린 노동은 평소 왕래하던 개혁파 재상 왕애(王涯)의 집에 머물다 그와 함께 형장의 이슬로 사라진다.

일곱 잔의 차를 빌려온 고려와 조선 문인

노동은 신선이 되겠다는 허망한 꿈을 꾸지 않았다고 했으나, 그의 시에 공감하는 후대인들은 차를 마시고 난 느낌을 모두 신선의 모습으로 표현한다. 차를 마시고 몸과 마음이 맑아지면서 겨드랑이에서는 날개가 나올 듯하여 머나먼 이상향으로 자유롭게 날아갈 수 있는.

중국은 물론 한국, 일본의 문인들도 「칠완다가」의 일곱 번째이자 마지막 차 한잔에 관한 구절을 즐겨 차용했다. 고려의 명문장가 이규보(李奎報)는 시의 흥취를 돋우는 소재로 술을, 산란하고 복잡한 마음을 고요히 하는 데에는 차를 소재로 삼았다. 이규보는 차를 주제로 하는 시 수십 편을 남겼는데, 노동의 명문을 빌려 차가 주는 신선의 경지를 다음과 같이 노래했다.

일곱 잔 향긋한 차 겨드랑에 바람이 일고,

한 쟁반 시원한 과일은 창자에 눈 스미는 듯

「보광사에서 자다」, 『동국이상국집東國李相國集』 제 10권

차를 사랑했던 고려의 학자 임춘(林椿)은 "일곱 잔 좋은 차를 가득 마셨지// 솔솔 맑은 바람이 겨드랑이에 일어나니/ 이 세상 벗어나 하늘을 나는 듯하구려"라고 했다(『서하집西河集』 제3권).

원감국사(圓鑑國師)는 홀로 자족하는 정서를 노래한 시에서 "돌솥에는 일곱 사발 차가 있고/ 화로에는 한 가닥 향이 피네"라고 했다(「병중독좌서회病中獨座書懷」). 돌솥에 일곱 사발의 차가 있으니 세상에 더 바랄 것이 없었다.

이곡(李穀)은 "옥천의 일곱째 잔 신묘한 그 효과 신속해서/ 곧장 맑은 바람 타고 월대에 내려앉을 듯도"(「사홍합포기귤차謝洪合浦寄橘茶」)라고 읊었는데, 귀한 차를 마시니 옥천자 노동의 일곱 번째 잔처럼 바로 바람을 타고 날 듯하다고 한 것이다.

차를 선물 받고 사례글을 남길 때, 그 차를 마시니 마치 신선이 된 듯하다는 것보다 좋은 극찬은 없을 것이다. 조선 초 관료였던 조준(趙浚)은 선물 받은 차에 사례하며 굳이 일곱 잔까지 가지도 않고 두 잔째에 신선이 된 듯하다고 했다.

물맛이 일품인 조계수(曹溪水)에

붉은 옥 황금 띠풀 같은 좋은 차구려.

솔바람 파도 소리 돌솥에서 일어나고
눈송이 거품은 구슬 꽃을 피운다.
한 사발 마시니 겨드랑이에 날개가 돋는 듯
두 사발 마시니 온몸에 맑은 바람 시원하네.
「스님이 차를 보냄에 사례하다謝師送茶」

조선의 대표 다인(茶人)으로 손꼽는 정약용의 글에도 노동의 「칠완다가」를 인용하는 문장이 여러 차례 등장한다. 차를 더 보내 달라고 청하는 편지글에서, 옥천자의 일곱 잔은 이미 다 마셔버렸 다고 썼다.

차를 노래한 『다부茶賦』의 저자 이목(李穆)은 노동의 「칠완다 가」 형식을 빌려서 자신만의 「칠완다가」를 짓는다. 그는 첫 번째 잔을 마시니 마른 창자가 깨끗이 씻기고, 두 번째 잔을 마시니 상 쾌한 넋은 신선이 될 것 같다고 했다. 그리고 마지막 잔에 대해 아 직 반도 마시지 않았는데 울금향 맑은 바람이 흉금에 일고, 하늘 문 바라보니 바로 곁 봉래산의 적적함이라고 한다. 차를 마신 후 의 느낌이 강렬하여 이미 두 번째 잔에 신선이 되고, 마지막 잔에 는 가슴에서 좋은 향이 일어나고 이미 신선이 되어 고요한 봉래산 에 이르렀다고 한 것이다.

노동은 불로불사를 꿈꾸지 않는다고 했다. 그러나 불로불사는 영원한 인간의 로망이다. 인간의 영역을 벗어나 신선이 되고 싶은 욕망은 시대를 가리지 않는다. 그러나 누구도 성공하지 못했다. 사

이사달(李士達), 〈좌청송풍도坐聽松風圖〉,
명, 대만 국립고궁박물원 소장

람들은 비록 신선이 될 수 없는 것이 인간의 숙명이라 할지라도 신선의 경지에 이를 수 있는 그 무엇을 찾아내고 싶었다. 그렇게 찾아낸 명약이 바로 차였다.

차마고도

밀크티의 시작, 수유차

1665년 네덜란드 동인도회사에서 근무했던 요한 니우호프(Johan Nieuhof)는 광동을 방문한 후 다음과 같은 기록을 남긴다.

저녁 시간에 따뜻한 음료가 든 병을 몇 개 탁자 위에 올린다. 이 음료는 티 또는 떼(thé)라고 하는 약초를 조리한 것인데, 이것 한 줌 반을 물에 넣고 3분의 2가 될 때까지 끓이고, 따뜻한 우유 4분의 1과 소금 약간을 넣는다. 그리고 간신히 참을 수 있을 정도로 뜨겁게 마신다.

아마도 중국 남쪽 지방 소수민족이나, 북방에서 내려온 청나라 관리의 집에서 본 장면이었을 것이다. 이렇게 홍차에 우유를 넣는 밀크티는 순식간에 전 유럽으로 퍼졌다. 유럽의 귀부인들은 동양에서 온 귀한 자기 찻잔에 진하게 우린 홍차와 신선한 우유를 넣어 매혹적인 밀크브라운을 띠는 밀크티를 즐기기 시작했다. 그리고 이는 홍차를 즐기는 가장 일반적인 방식이 되었다.

차의 역사상 가장 극적인 만남이라고도 할 수 있는 차와 우유의 만남은 어떻게 시작된 것일까? 일설에는 1680년경 프랑스의 사블리에르 자작 부인이 처음으로 홍차에 우유를 넣기 시작했다고 한다. 그러나 천 년 전 7세기 무렵 티베트에서 이미 차와 우유의 만남이 시작되었다.

티베트인들은 중국 서남부 지방에서 온 거친 흑차(黑茶)를 야크나 양의 젖과 그것으로 만든 버터에 넣어 끓였는데, 이것이 밀크티의 시작이라고 할 수 있는 수유차(酥油茶)이다. 유목민에게 수유차는 맛과 영양을 제공하는 최고의 건강음료였다.

히말라야 지역, 특히 해발 3,000미터가 넘는 척박한 고지대인 티베트의 연평균 상대습도는 40퍼센트로 매우 건조하다. 그러므로 티베트인들은 항상 수분을 공급할 조치가 필요하며, 또 육식에서 오는 영양 불균형을 해결해야 했다. 그런 의미에서 유목민에게 차는 유일한 해결책이었다. 티베트와 몽골 지역, 천산산맥과 파미르고원에서는 예나 지금이나 여전히 수유차를 마신다.

수유차는 오래 보관할 수 있고, 유통이 편리한 벽돌 모양의 전차(磚茶)를 사용했다. 이 전차는 차나무 가지를 뭉텅이로 잘라 만든 거친 흑차로, 손쉽게 많은 양의 차를 만들 수 있어서 저렴했다. 주로 티베트에 살고 있는 장족(藏族)이 애용하는 차로 '장차(藏茶)'라고도 불렀다.

수유차는 어떻게 만들까? 먼저 차를 진하게 끓여 낸다. 끓인 차와 버터나 치즈, 그리고 소금을 둥근 대나무로 만든 절구통 크기의 통에 넣고 펌프질하듯 한참을 치댄다. 그러면 부드러운 밀크티가 만들어진다. 여기에 영양을 보충하고 고소한 맛을 주는 견과류 등을 넣는다. 추가하는 재료는 집집마다 취향에 따라 다르다. 보통 호두, 참깻가루, 땅콩, 수박씨, 호박씨, 해바라기씨, 잣, 계란 등을 넣었다. 이렇게 만들어진 차를 찻주전자에 넣고 다시 한 번 끓이고 뜨거울 때 마신다. 춥고 건조한 날 수유차를 마시면 입안을 타고 흐르는 따듯함과 고소함이 각별하다. 지금도 티베트인들은 아침에 일어나면 제일 먼저 수유차를 마신다.

오랜 세월 티베트인들에게 평온한 삶이란 맛과 영양을 제공하는 최고의 건강음료 수유차와 보리로 만든 청과주(青稞酒)를 언제든지 마실 수 있는 것이었다.

수유차를 만드는 데 꼭 필요한 차는 1400년 전부터 오늘날까지 티베트인에게 없어서는 안 될 소중한 존재이다. 현재 티베트의 연간 차 소비량은 중국에서 가장 높은 1인당 10킬로그램을 넘는다. 그러나 차나무는 그들의 땅에서 자라지 않는다. 그래서 티베트인들은 차를 가득 싣고 차마고도를 넘어 오는 마방(馬幇)들을 기다려야 했다.

대자연의 아름다움이 품은
처절한 고행의 길

선두에 선 말은 대장답게 의젓했다. 말머리에는 화려한 색의 장신구로 장식해 다른 말과는 확연히 달라보였다. 사람들은 무사귀환을 기원하며 정성껏 선두 말을 꾸몄다. 4,000킬로미터에 이르는 길고 험난한 길을 가기 위해 말무리를 이끄는 마방들은 꼼꼼하게 행장을 꾸린다. 말 한 필이 부담할 수 있는 화물 무게는 60킬로그램이고, 하루에 이동할 수 있는 거리는 60킬로미터였다. 즉, 60킬로그램 이하의 물건을 실어야 하루에 60킬로미터를 갈 수 있다. 이렇게 수십 마리의 말 등에는 차를 비롯해 각종 곡식, 소금 등 산악 지역의 티베트인들과 교환할 물건이 차곡하게 실렸다. 마방들은 최대한 많은 찻잎을 가져가서 중원 지역이 필요로 하는 말, 버터, 모피, 약재 등과 맞바꿨다.

한나라 이전 기원전 시기에 중국 서남부 운남(雲南), 사천 지역에서 서쪽 티베트로 연결되는 길이 형성되어 있었다. 후에 이 길은 중국 남부에서 생산된 차를 말에 싣고 가서 티베트의 특산품을 교역하는 데 사용되었기 때문에 '차마고도(茶馬古道)'라고 불린다. 차마고도는 실크로드와 함께 인류 최고(最古)의 교역로로 꼽힌다.

차마고도는 단순한 교역로 이상의 의미를 갖고 있다. 차마고도를 따라 문화와 종교, 풍습이 이동하며 서로 영향을 주고받았다. 차마고도는 당·송 시대를 거치면서 번성했고 이후 네팔, 인도, 유럽까지 연결된다. 평균 해발고도가 4,000미터 이상인 높고 험준한 길이지만 눈 덮인 5,000미터 이상의 설산(雪山)들과 진사강(金沙江), 란창강(瀾滄江), 노강(怒江)이 수천 킬로미터의 아찔한 협곡을 이루어 세계에서 가장 높고 험준하면서도 가장 아름다운 길로 꼽힌다. 지금은 고산준봉과 깎아지른 듯한 협곡의 대자연을 즐기기 위해 호도협·옥룡설산을 조망하는 트레킹 코스로 찾고 있지만, 그 옛날 차마고도를 걷는다는 것은 삶을 꾸리기 위한 고단하고 위험한 행로였다. 변화무쌍한 날씨, 좁고 가파른 길은 사람에게도 동행하는 말들에게도 위험이 뒤따를 수밖에 없었다. 이를 두고 새와 쥐만 간신히 다닐 수 있다는 의미에서 '조로서도(鳥路鼠道)'라고도 했다.

사람에게도 말에게도 처절한 고행 길이었지만, 차마고도는 오랜 시간 지속되었다. 마방들은 차를 팔아야 했고, 티베트인들은 언제나 그들을 기다리고 있었기 때문이다. 당으로부터 송, 원, 명, 청에 이르기까지 수 대에 걸친 왕조 교체에도 말과 사람들은 천 년이 넘는 긴 시간 동안 끊임없이 이 길을 걸었다.

차와 말을 바꾸다

티베트에 본격적으로 차가 들어온 것은 1400여 년 전 토번(吐蕃)의 시조 손챈감포(松贊干布)와 혼인한 당나라 문성공주(文成公主)에 의해서이다. 토번은 7세기에서 9세기에 걸쳐 번성했던, 티베트

문성공주와 손챈감포

역사상 가장 강력했던 국가였다. 토번이 당의 서쪽 변경을 위협하자 화친 목적으로 손챈감포와 당 태종의 양녀 문성공주의 정략결혼이 성사된다. 이 결혼은 강력한 제국 당이 사실상 토번에 굴복한 사건이기도 하다.

문성공주는 토번의 수도 라싸까지 무려 3,000킬로미터에 달하는 기나긴 당번고도(唐蕃古道)를 따라 혼인길에 오른다. 이 결혼 이후 당번고도를 통해 토번과 장안 사이에는 사신과 상인들이 끊임없이 오간다. 문성공주는 수만 리 먼 타향, 삶의 방식이 완전히 다르고 문화적으로 낙후된 곳으로 떠나게 되자 티베트에서 구할 수

69

없는 차와 곡물, 과일, 채소, 종자, 의약품, 서적 등을 가져갔다.

문성공주로 인해 당의 차문화가 자연스럽게 티베트에 전해져 일상이 되었다. 이로써 티베트의 차 수요는 급속도로 증가했지만 차는 온전히 수입에 의존해야 했다. 다행히도 우수한 군마(軍馬)가 시급했던 당과 차가 절실했던 티베트는 서로 간의 이해관계가 잘 맞아떨어졌다. 차와 말의 교환, 차마무역이 시작된 것이다. 광활한 초원이 펼쳐지는 당과 토번 사이의 국경 마을에서는 차와 말을 교환하는 차마호시(茶馬互市)가 열렸다. 양국의 상인과 위구르족이 이 시장에서 각자 원하는 것을 교환했다. 당대에만 이미 20여 개의 차마호시가 생겼다.

송대에 이르러 차마무역은 국가가 관장할 정도로 융성한다. 전국 각지, 특히 변방에 차마무역을 전담하는 차마사(茶馬司)란 전문기구가 설치되고 교역장이 개설되었다. 차마사는 "차의 독점 판매를 통한 이윤 창출로 국가 재정에 보탬이 되게 하고, 서북·서남 민족과 차를 이용해 말을 맞바꾸는 일을 관장"했다.

당과 마찬가지로 송 조정은 변방을 안정시키기 위해 제도를 정비하면서 대대적으로 차마무역 정책을 추진했다. 이로써 서쪽 변방의 이민족, 특히 서남·서북을 모두 차지한 유목민을 견제하는 전략적 효과를 거두었고, 부수적으로 군마를 확보하고 군수 조달을 위한 재정 충당에도 도움이 되었다. 그러나 원대에는 차마무역에 관련된 기관은 폐지된다. 원을 세운 몽골족은 유목 민족이었으므로 말은 얼마든지 있었고, 서쪽을 전부 정복해 차마무역을 위한 국가 차원의 기관은 필요하지 않았다.

한족이 중원을 차지하고 명을 건국하자 다시 차마 정책의 필요성이 대두된다. 조정에서는 이 제도를 부활시키면서 서북 지역의 거주민을 통제하는 수단으로 활용했다. 명은 비록 원대의 영토를 그대로 계승하지는 못했지만, 차마무역을 이용해 티베트를 정치·경제·문화적 측면에서 자신들의 세력권 안으로 귀속시키려고 노력했다. 중국의 역사는 서북방 민족이 강력해질 때마다 위기에 봉착했기 때문이다. 그래서 명대에 차마무역은 황금기를 맞이하고, 명대의 차 생산량 역시 비약적으로 늘어난다.

청대에 들어서자 차마무역도 서서히 쇠락의 길로 접어든다. 청을 세운 집권층은 명과는 달리 유목 생활에 익숙한 북방 민족이었다. 역대 왕조가 티베트와 차마무역을 이어 온 주요 목적이 중국에 부족한 군마를 충당하기 위해서였는데, 만주족인 청은 우수한 군마를 충분히 가지고 있었다. 강희(康熙) 57년(1718) 티베트가 청나라 영토의 일부분으로 정식 귀속됨에 따라, 티베트를 회유하고 압박하는 목적에서 이루어졌던 차마무역은 더 이상 필요하지 않았다. 이로써 천여 년을 이어오던 차마무역은 빛을 잃게 된다. 국가 정책으로 이루어지는 차마무역은 사라지고, 티베트 사람들이 원하는 차를 팔기 위해 떠나는 운남, 사천 지역의 민간 마방들만 남아 한때의 영광을 뒤로 한 채 차마고도를 오갔다.

황제의 차

공차, 그 화려한 착취

　육우가 『다경』을 쓴 이후로 차를 마신다는 것은 우아한 상류층 문화가 된다. 귀족·관료·승려들에게 차는 일종의 마시는 품격이었다. 손님을 맞아 차회를 열고 고급스러운 향연을 베푸는 일은 귀족과 상류층이어야 가능한 그들만의 사치였다. 궁정과 귀족들 사이에서 호사스러운 차연이 유행하자 명차의 수요가 급격히 늘어났다.

　황실과 귀족들은 차 공출을 위한 담당 기구를 두기 시작했다. 차 생산을 조직적으로 관리해 공물로 징발하기 위함이었다. 귀족문화가 극에 달했던 당대에 이미 황실 전용 차밭이 생겼다. 당의 황제는 16곳의 산지에서 공차(貢茶)를 진상 받고 있었지만, 770년 고저산에 황실 전용 다원인 공다원(貢茶院)을 설치하고 '공산(貢山)'이라 했다(『다업통사茶業通史』).

고저산에서 나는 자순차는 당시 최고의 명차였다. 자순의 '자'는 자줏빛을 뜻하고, '순'은 이른 봄날 어린순으로 만든 차를 말한다. 황제와 귀족들만 이 자순차를 마실 수 있었는데, 훗날 이 자순차는 명차의 대명사가 된다. 실제 자줏빛 어린순으로 만든 차가 아니더라도 좋은 차를 상징할 때 일반명사로 사용하게 된다.

황제는 공다원에서 올라온 차를 황실의례에 사용하고 귀족들에게 하사했다. 청명절(淸明節, 4월 6일경)에 열리는 대규모 차연이 그 사례이다. 따라서 황제의 햇차는 무슨 일이 있어도 청명절 전에 장안에 도착해야 했다. 그러나 길은 멀고 시간은 촉박했다. 이영(李郢)의 『차산공배가茶山貢焙歌』에 이러한 상황이 기록되어 있다.

이른 봄인 3월, 차나무에서 아직 차 싹[茶芽]이 나오기도 전에 관부에서 공문을 하달하여 공차를 재촉하니, 찻잎을 따서 갓 만든 지 10일 내에 황급히 황제가 있는 장안으로 공차를 보내게 했다.

도성으로 향하는 열흘간의 4천 리 길. 얼마나 조급하고 고생스러웠기에 '급정차(急程茶)'라 불렸을까. 기후라도 좋지 않으면 더욱 큰일이었다. 봄은 일찍 오기도 하고 늦게 오기도 하는데 청명절은 정해져 있으니 봄이 늦게 와 차 만드는 시기가 늦어지면 그것만큼 괴로운 일도 없었다. 청명절 이전에 그해의 첫 햇차를 진상하려고 입춘(2월 4일경) 전에 차를 만드는 일이 생겨났다. 수확철 전에 먼저 물량을 확보해야 했기 때문이었을 것이다. 찻잎이 채 싹을 피우기도 전에 차를 제조하니 차의 품질은 말할 것도 없고 비용과 품이 많이 들었다. 833년, 당 문종이 문제를 해결하기 위해 조칙을 내린다.

> 차를 만들 때에 사물의 본성을 거스르지 말아야 한다. 오·촉 두 곳에서 공납할 때 마땅히 입춘이 지나고서 차를 만들어 올리도록 하라.
>
> 『당서唐書』

문종이 진심으로 차의 본성에 따르고 싶어서 그랬는지 황실의 주요 세원(稅源)을 귀하게 여겨 그랬는지 내심은 알 길이 없으나, 공차제도는 확산되었다.

공차량이 증가하고 차문화가 발달할수록 차를 만드는 데 동원되는 산지 농민들의 삶은 나날이 고단해졌다. 황실은 좋은 차가 생산되는 모든 곳에서 공차를 징발하려고 했다. 이로 인한 부담은 고스란히 농민들의 몫이었다. 이른 새벽 산비탈에 올라 찻잎을 따고, 엄선된 방식으로 차를 만드는 일은 무척이나 고되고 힘든 작업이었다. 당 말기 시인 두목(杜牧)은 차 농가의 애처로운 모습을 「다산茶山」이라는 시에서 이렇게 노래했다.

태호 고저산의 경치는 동남 지역에서 뛰어나 자순차 또한 으뜸이라네.
칡넝쿨 부여잡고 험한 절벽 기어올라 산발머리 거친 산을 헤집고 다녀.
아침내 따도 한 주먹이 안 되는데, 손발은 비늘처럼 터서 벌어졌구나.
슬피 한탄하는 소리 산에 가득하니 초목도 차마 봄을 이루지 못했네.
산그늘엔 찻잎이 돋지 않았는데, 관리들 독촉은 잦고 농민들은 마음만 다급해 고라니 사슴처럼 내닫네.
차를 골라 바치느라 밤낮이 없고, 차 찧는 소리 새벽부터 늦은 밤까지 끊이지 않네.
사람들은 나뭇등걸처럼 여위어 보고 있자니 애달파라.

공다원에는 공물로 징발해야 할 차를 감독하는 관리가 파견되었고, 해당 군의 태수는 해마다 봄이 오면 직접 나가 일하는 이들을 독려했다. 그러나 태수의 본심은 농민을 독려하기보다는 다른 곳에 있었던 듯하다. 배 띄워 연회를 벌이고 술 마시며 노는 일에 집중했으니. 시인 유우석(劉禹錫)은 이를 보고 "어느 곳이 인간 선경이라 했는가? 기생 끼고 차를 따는 바로 이 청산이 신선들의 세상이로다"라고 비아냥거렸다.

태수는 이른 봄 여린 찻잎이 깨어날 때면 고저산에 올라 산신에게 제를 지냈다. 농민들은 차를 가꾸고, 만드는 일만도 고단한데 제사를 준비하고, 관리들의 놀이까지 감당해야 하니 참으로 괴로웠을 것이다.

당은 780년 이후 차에 10퍼센트의 세금을 부과했는데, 차가

원대에 지어진 무이산 어다원

일용품으로 자리 잡자 생산량도 증가하면서 황실의 달콤한 재정 수입원이 되었다. 이에 821년에는 차세를 15퍼센트로 늘렸고, 835년에는 전매제를 실시한다. 차를 사사로이 사고팔지 못하게 하고, 나라에서 공물로 몽땅 징발해 비싼 값에 팔아 황실과 귀족, 관리들의 재정을 충족한 것이다. 그러나 전매제를 주도했던 재상 왕애가 감로의 변으로 피살당하며 오래가지 못했다.

결국 국가가 차를 관리하면서 남방의 차산지 농민들은 14세기 말까지 600년 이상 지난한 고통을 겪어야 했다.

각차, 차를 전매하다

대부분의 백성들이 차를 마시던 송대에는 차 전매제도가 본격적으로 실시된다. 송은 건국하자마자 당대에 실패했던 전매제도인 각차법(榷茶法)을 부활시킨다. 생산된 차를 일단 전부 관에서 수매해 다시 상인에게 불하해서 파는 방식이다. 상인이 차를 판매할 수 있는 지역도 지정되어 있으며 차를 판매할 수 있는 허가증인 차교인(茶交引)이 필요했다.

차 전매로 국가의 재원이 풍족해졌으니 황실 입장에서는 무척 만족스러웠음에 틀림없다. 그래서 원성이 자자했지만 엄격하게 실시했다. 차를 감춰두거나 사사로이 판매하는 자는 몰수 후 처벌하며, 관리가 관차(官茶)를 일정량 이상 사사로이 판매하다가 적발되면 사형에 처했다.

각차법은 송대 내내 수차례 폐지와 부활 그리고 제도 정비를 거친다. 송의 조정이 차 시책에 고심한 것은 강력한 북방 민족인 서하와 거란의 위협에 처한 정치적인 상황에서 군비를 충당하기 위해서였다. 그러나 각차법은 예상한 만큼의 효과를 올리지 못했으며, 백성들은 오히려 고가의 전매품을 외면하고 밀매품에 의지했다. 전매제도가 아무리 엄격해도 차를 판매하면 큰 이익을 얻을 수 있었기 때문에 '사판(私販)' '도판(盜販)'이라 불리는 무허가 판매는 끊이지 않았다.

공차 지역은 공차제도로, 기타 지역은 전매제도로 차 생산과 유통을 통제하던 송은 전매제도가 자리 잡자 30여 곳에 이르는 공차 지역을 폐지한다. 다만 황실 전용 공차는 포기하지 않았다. 송태종은 공다원을 건안(建安) 봉황산(鳳凰山) 일대 북원(北苑)으로 옮기고 전운사(轉運使)를 파견해 공차 생산을 감독하게 했다. 최고의 명차를 생산하던 북원은 계속해서 황제를 위한 차를 만들었다.

어차, 용봉단차

송대 황실에서 마셨던 북원의 단차는 전운사 정위(丁謂)가 만들기 시작해 채양(蔡襄)이 완성했다. 북원에 파견된 전운사들은 더 좋은 차를 만들고자 정성을 기울였다. 덕분에 어차(御茶)의 종류는 다양해지고 제다 기술이 발전해 용봉단차(龍鳳團茶)의 화려함과 정교함은 극치를 이루었다.

웅번(熊蕃)의 『선화북원공다록宣和北苑貢茶錄』에 의하면 북원이 있는 건안 일대에서는 용(龍)·봉(鳳)·석유(石乳)·적유(的乳)·백유(白乳), 두금(頭金)·납면(蠟面) 등 12등급의 차가 나오는데, 석유 이하는 민간에서도 제작되어 전매로 수매되어 판매되었고 용차(龍茶)와 봉차(鳳茶)는 오로지 황실의 차였다.

최고의 북원차 용봉단차는 용과 봉황 무늬가 있는 모형 틀로 찍어 만들었다. 용봉단차는 황제의 차였으므로 최고급 찻잎으로 정밀하고 엄격한 관리 아래 만들어졌다. '금은 가질 수 있어도 차는 얻을 수 없다(然金可有而茶不可得)'고 할 정도로 특별한 것이었으며, 황실차의 권위는 그 어느 때보다 높아졌다. 황제로부터 용봉단차를 하사받는다는 것은 최고의 영광이었다.

수많은 동물이 있건만 그중에서도 용과 봉황 문양을 선택한 이유는 무엇이었을까? 용봉은 가장 대표적인 신령스러운 동물이다. 역사 속의 용은 상류층의 신앙적 표현과 깊은 관련이 있다. 왕이 죽어 나라를 지키는 용이 될 수 있다고 믿었으며, 죽은 왕 또한 용이 되어 백성을 지켜준다고 믿었다. 왕권을 강화하거나 수호의 상징으로서 용을 신격화했다. 봉황은 신조(神鳥)를 뜻하며, 백조(百鳥)의 왕이다. 봉황이 높은 언덕에서 출현하면 정치를 잘하는 어진 임금이 나타나서 태평성대가 온다고 여겼다. 용과 봉황은 최고 정치 지도자에 대한 영광스러운 상징물이었으니 황제의 차에도 문양을 새겨 그 고귀함과 신성함을 강조한 것이다.

당시 차를 만드는 손놀림이 얼마나 정교했는지, 배기평(裵紀平)의 『송다도전宋茶圖典』에는 차에 새겨진 문양은 지금 보아도 경이로울 만큼 정교하다고 나온다. 지금 보아도 용봉단차 문양이 교묘하고 영롱해, 차 표면의 용이 솟아오르고 봉황이 나래 치듯 생생해서 마치 살아서 움직이는 듯하다.

차 만드는 전 과정은 고도의 기술을 필요로 했으며, 절차나 시간도 매우 까다로웠다. 차 만들기의 시작인 찻잎 따기 과정부터 조건이 상당했다. 송 휘종(徽宗)이 지은 『대관다론大觀茶論』에 기록된 차 따기 모습을 보면 찻잎 하나하나를 얼마나 예민하게 다루고

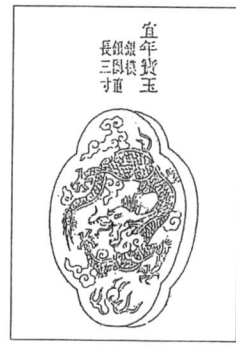  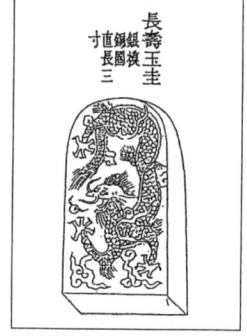
 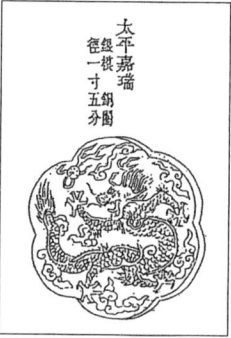 

용봉단차 문양

있는지 알 수 있다.

> 차는 동이 틀 때부터 해가 뜨는 그 짧은 시간에 따야 한다. 손가락으로 비틀어 따면 손에서 전해져 오는 체취나 체온이 찻잎을 손상시킬 수 있기 때문에 반드시 깨끗한 손톱으로 따야만 했다. 차 따는 소녀는 언제나 옆에 새로 길어온 물을 가지고 다니며 싹을 따자마자 손을 물에 넣는다. 차를 많이 따야 좋은 것도 아니다. 참새의 혀나 곡식의 낱알 같은 막 돋아 오르는 찻잎을 골라서 딴다. 그날 딴 차는 그날 밤을 넘기지 않고 차를 만들어야 최고의 색과 향을 간직할 수 있으니 일조시간과 차 따는 인원을 조절해야 한다.

황제가 원하는 차를 위해서는 찻잎 따는 시간, 따는 방법, 찻잎 고르기, 만드는 시기를 엄격하게 해서 최고의 차를 구현해야 한다. 『북원별록北苑別錄』에서도 차 따는 일을 묘사하고 있는데 이른 새벽 삽시간에 고도의 집중력을 발휘하여 체계적인 차 따기를 하고 있음을 알 수 있다. 매일 오경(五更, 새벽 3시~5시)이 되면 북을 쳐서 찻잎을 수확할 인부들을 봉황산에 모으고, 손에는 패를 하나씩 쥐어주어 엄격히 통제했다. 해 뜨기 전 이른 새벽에 찻잎을 따야 밤이슬이 마르지 않아서 차의 싹이 촉촉했다. 찻잎은 최상의 상태를 유지해야 했기 때문에, 차 따는 소녀들은 남들이 다 잠든 시간에 아직 해도 뜨지 않은 을씨년스러운 차나무 산지를 걷고 또 걸어야 했다. 그리고 진시(辰時, 아침 7시~9시)가 되면 징을

쳐서 찻잎 따기를 멈추게 한다. 소녀들의 손톱은 그때서야 멈출 수가 있었다. 고단한 새벽시간이여라.

예술과 차를 사랑한 풍류천자(風流天子) 휘종의 『대관다론』은 송대에 등장한 많은 차 관련 서적 중에서도 좀 더 각별하다. 황제가 직접 쓴 책인데다 섬세하고 화려한 당시의 차문화를 고스란히 보여주기 때문이다.

휘종을 필두로 한 송대의 화려한 차문화는 고려에도 전해졌는데, 문종 32년(1078) 용봉단차가 고려에 처음 하사되었다. 『고려사高麗史』「세가世家」편에 송의 사신이 가지고 온 용봉차(龍鳳茶)에 대한 이야기가 기록되어 있다.

> 송에서 온 용봉차가 10근인데, 매 한 근마다 금은으로 도금한 죽절 모양의 합에 넣어 오색으로 장식하고, 다시 꽃무늬가 새겨진 주칠 상자에 담아서 붉은 꽃무늬 비단 겹보자기로 쌌으며 용차가 5근, 봉차가 5근이었다.

당시 송의 황제는 변방을 회유하기 위해 황실의 권위를 상징하는 귀한 용봉차를 예를 갖추어 보낸 것이다. 고려 왕실에서도 이 차를 특별한 신하에게만 하사했기 때문에 용봉단차의 유명세는 대단했다.

이렇게 고귀한 대접을 받은 용봉단차를 만들기 위해 이름 없는 수많은 농민의 희생과 고통이 깔려 있었지만, 이 차를 마시는 이들은 그런 희생과 고통을 알 수도 없었고 알려고도 하지 않았다. 백성을 지켜준다는 용과 어진 임금이 통치하는 태평성대를 상징하는 봉황이 무색한, 애달픈 차가 아닐 수 없다.

작자 미상, 휘종좌상(徽宗坐像), 송, 대만 국립고궁박물원 소장

낭만의 시대。

차를 거품 내 마시다

II

도시 카페
다관

　런던, 파리, 서울 같은 번화한 도시 속 작은 공원 앞 세련된 노천카페에서 홍차와 새로 유행하는 디저트를 주문하는 당신이, 만약 천 년 전 11세기로 돌아가야 한다면 더 이상 차를 주문할 수 없을까? 아니다. 번성한 시내의 찻집에서 최신식 청자 찻잔에 담긴 하얗고 고운 라테 거품이 이는 말차와 금방 만든 부용병(芙蓉餠)이나 금귤수단(金橘水團)을 주문할 수 있다. 한여름이라면 아이스티나 시원한 파파야 주스를 시켰을 것이다. 그리고 새로 구입한 책을 꺼내 친구에게 자랑하며 담소를 나누다 얇은 종이로 만든 지폐[交子]로 찻값을 지불하고 나섰을 것이다.

　우아한 서체의 시가 담긴 족자와 인기 작가의 산수화 등으로 장식한 고급스러운 인테리어를 자랑하는 이 찻집은 밤늦게 산책

나온 양갓집 규수도 잠시 들러 차를 마실 수 있는 곳이다. 만약 당신이 실수로 물건을 놓고 왔다면, 다소 시간이 흐른 뒤에도 다락에 설치된 분실물센터에서 찾을 수 있을 것이다. 뿐만 아니라 병에 담은 차도 있으니 테이크아웃도 가능하다. 당신이 고관대작이든, 상인이든, 서생이든, 여자든, 남자든 찻집 주인은 언제나 정돈된 탁자와 청결한 그릇을 준비해놓고 반갑게 맞이할 것이다.

이 찻집은 유럽도 아메리카도 지중해 연안도 아닌 중국 북송(北宋)의 수도 개봉(開封)에 있다. 그리고 한 세기가 더 지나고 나면 남송(南宋)의 임안(臨安) 시내에서 똑같은 즐거움을 누릴 수 있다.

천 년 전 도시 카페

도시 차문화의 상징은 다관(茶館), 다방(茶坊), 다사(茶肆), 다점(茶店)이라고 부르는 찻집이다. 다관은 당대에 만들어져 송대에 번성했다. 번화한 개봉에서 어린 시절을 보내다가 북송이 망하자 남쪽으로 밀려 내려가 살던 당시의 사대부층은 북송 시절 개봉 시내의 화려했던 과거를 회상하는 기록을 남긴다. 대표적으로 맹원노(孟元老)의 『동경몽화록東京夢華錄』이 있다. 맹원노는 마치 동

청자 손잡이 찻잔, 원,
대만 국립고궁박물원 소장

네 맛집 카페를 탐방하듯 어디에 다방이 있고, 몇 시에 문을 열고 닫는지, 그 안의 시설은 어떠한지 촘촘하게 적었다.

주작문 밖[朱雀門外] 동서로 두 개의 교방(敎坊, 극장)이 있고, 그 밖은 모두가 민가 혹은 다방이었으니 밤이 되면 특히 번화했다.
반루동가항(潘樓東街巷)의 동측 십자대로에 종횡이각(從橫裏角) 다방이 있는데, 매일 아침 새벽 4시에 등불을 켜고 장사를 시작했다.
구조문로로 나가면 북쪽에는 여자들이 밤에 놀러 나와 차를 마시는 북산자(北山子) 다방이 있는데 다방 안을 선동(仙洞)·선교(仙橋) 같은 시설로 꾸며 놓았다.
마행가(馬行街)를 지나 북쪽 신봉구문대가(新封丘門大街)에는 곳곳에 다방, 주점, 음식점이 있는데 밤 12시까지 야간 영업을 하고 오전 4시가 되면 다시 문을 연다.

개봉 시내 다관은 새벽부터 밤까지 영업을 했으며, 차를 마시며 휴식과 놀이를 할 수 있는 도시 카페였다. 또한 직업과 신분에 구애되지 않고 남녀노소 누구나 이용할 수 있는 곳이었다. 송대 왕명청(王明淸)이 쓴 『척청잡설摭靑雜說』에 나오는 일화를 보면 이를 짐작할 수 있다.

개봉의 유명한 술집인 백변루(白礬樓) 옆에 작은 찻집[茶肆]이 있다. 가게는 작지만 깨끗하여 언제나 손님들이 가득하다. 이씨 성을 가진 선비가 오랜 친구와 함께 그 찻집에 들렀다. 그는 옆구리에 끼고 있던 돈주머니를 풀어 탁자 위에 놓고 차를 마셨다. 잠시 후 두 사람은 백번루에 가서 술을 마시려고 황급히 나오느라 돈주머니를 탁자 위에 놓고 그대로 나왔다. 이들은 술에 취해서 그 사실을 까맣게 잊었다. 밤이 되어서야 비로소 돈주머니를 떠올렸다. 그러나 그들은 다관에는 워낙 사람들이 많이 오가는 곳이라 분명 누군가가 가져갔을 것이라 생각하여 포기했다.

몇 년 후 이씨는 다시 개봉에 오게 되어 찻집에 들른다. 그는 이 일을 동행자에게 이야기했는데, 찻집 주인이 우연히 듣게 된다. 이야기를 들은 주인은 "당시 나는 선생 뒤를 쫓아가 물건을 전해주려고 했으나, 선생의 걸음이 너무 빠르고 거리에 사람들이 너무 많아서 선생을 찾을 수가 없어서 대신 보관해 두었습니다"라고 하면서 찻집의 작은 다락방으로 안내했다. 그 안에는 우산·신발·의복·그릇 등 여러 물건이 놓여 있었는데, 각각의 물건마다 표식을 붙여 놓았다. 윗면에는 날짜와 물건의 종류, 유실자의 신분이 적혀 있었다. 유실자의 신분은 승려, 부인, 상인, 관료, 서생 등이었다. 유실자의 신분을 알 수 없는 물건에는 '누군지 모름'이라고 적어 두었다. 주인은 다락 한 구석에서 작은 주머니를 찾아내었는데, 주머니의 꼬리표에는 '모년 모월 모일 어떤 관인이 분실'이라고 쓰여 있었다. 주인은 작은 주머니를 가지고 이씨와 함께 다락에서 내려와 많은 사람 앞에서 이씨에게 주머니 속 돈이 얼마인지 물었고, 이씨가 말한 것과 정확히 부합하자 많은 사람들 앞에서 돈주머니를 돌려주었다. 이씨는 돈의 절반을 찾집 주인에게 사례금으로 주었지만 받지 않았다. 사례로 술을 사겠다고 해도 정중히 거절했다. 찻집에 있던 손님은 50여 명이었는데, 모두 주인의 덕행을 칭찬했다.

다관이 성황리에 영업 중이었으니 일상생활에서도 티타임은 당연한 일이었다. 『동경몽화록』에 이런 시대상을 짐작할 수 있는 내용이 있다.

> 혹 다른 사람이 새로 이사 와서 이웃에 거하면, 일상생활에 필요한 기물을 빌리거나 다탕(茶湯)을 주거나 물건을 어디서 팔고 사는지를 가르쳐 주었다. 또 다병(茶甁)을 손에 들고 매일 가까운 이웃을 방문하여 차를 주면서 서로 간의 동정을 묻기도 했다.

11세기 최고의 도시 개봉

북송의 수도인 개봉은 인구가 100만에 이르렀으며, 남송의 수도 임안의 인구는 150만에 달했다. 당시 유럽 최고의 번영을 누리던 베니스와 파리의 인구가 10만 정도였으니 비교도 할 수 없는 메트로폴리스였던 셈이다. 개봉, 임안 및 기타 대도시는 당대 장안보다도 활발하고 개방적이었다. 장안은 개방된 국제도시였지만, 도시 활동에는 엄격한 시간제한이 있는 정치도시이기도 했다. 상

장택단(張擇端), 〈청명상하도清明上河圖〉 부분, 송, 북경 고궁박물원 소장

점은 해가 지면 문을 닫아야 했고, 각각 정해진 구역의 담장 안에서 활동해야 했다. 이와 달리, 상공업 도시로 변모한 개봉은 야간에도 영업을 계속할 수 있었다. 통금이 해제되고 온갖 먹을거리가 넘쳐나는 야시장이 활성화되었다.

    송은 엄격한 규제로 통치의 편의성을 추구하는 대신 경제적 실용성을 선택했고 그 선택은 옳았다. 상업과 수공업의 부흥에 따

른 각종 서비스업이 발달했고, 유·불·도 삼교도 더욱 성장했다. 지폐가 유통되었고 대량의 서적이 출판되어 문예부흥을 이루었다. 송의 학문과 사상이 비약적인 발전을 이룬 배경에는 인쇄술의 발달이 있었다. 인쇄술 덕분에 빠르게 지식이 보급되고, 새로운 지식계층이 만들어졌으며, 과거제도가 발전했다.

    사람들이 모이는 곳에는 쉬면서 놀고 마실 수 있는 장소가 필

93

요하기 마련이다. 주점, 음식점이 도처에 생겨나고 다관은 서민과 상인, 사대부들이 계층에 관계없이 이용하는 공간이 되었다. 관원, 상인, 여행객과 유랑 예술인이 이 도시에서 저 도시로 돌아다니면서 대도시의 신문화를 전파했다. 모든 물자와 사람이 모여들어 도시는 흥청거렸다.

당시 개봉 시내 풍경은 북송 말 한림도화원(翰林圖畫院)의 화가 장택단(張擇端)이 세밀하게 묘사한 〈청명상하도淸明上河圖〉에서 그대로 볼 수 있다. 5미터가 넘는 두루마리 형태의 〈청명상하도〉는 800여 명의 인물, 60여 마리의 동물, 28척의 배가 등장하는 거대한 규모의 풍속화이다. 명화 중의 명화로 일컬어지며 중국 100대 보물에 속한다.

춘분을 지나 15일 후인 4월 5, 6일경이 되는 청명절은 봄꽃이 만발해 중국인들에게는 교외로 나들이를 가거나 성묘를 하는 특별한 날이다. 물론 금방 만들어진 새해 햇차를 맛보는 날이기도 하다. 당 궁정에서 청명차연을 열었던 것으로 보아 아주 오래전부터 봄을 맞는 이날을 특별하게 여겼던 것 같다. 〈청명상하도〉는 이런 특별한 날의 개봉을 섬세하게 담았다. 수도 개봉을 흐르는 강을 사이에 두고 교외 풍경, 작은 수로 풍경, 배, 아치형 큰 다리, 성문, 시장 풍경이 순서대로 배치되어 있으며 그림 속 인물들의 움직임과 표정은 살아 있는 듯 생생하다. 우물물을 푸는 상인, 식당 앞에서 호객 행위를 하는 점원, 야외극장, 향료라고 써 붙인 큰 간판을 걸어둔 가게, 비단을 파는 상점, 신발가게, 꽃가게, 의원, 도자

장택단, 〈청명상하도〉 부분, 송, 북경 고궁박물원 소장

기가게, 강가 다리를 따라 늘어선 노점, 대형 화물을 나르는 우마차, 광대 패 앞에 몰려든 군중, 분위기 있는 야외 카페를 연상시키는 다관, 소리치는 뱃사람, 싸우는 사람, 거리를 지나는 아랍 상인의 낙타 행렬, 수레바퀴를 수리하는 카센터, 고려 복식을 한 나귀를 탄 사람, 아빠 손을 잡고 걸어가는 총각머리를 한 어린이, 소와 돼지와 나귀들 등 청명절 개봉 거리의 넘치는 물산과 활기찬 풍경이 파노라마처럼 펼쳐진다.

다리 남쪽 강가에 있는 다관을 묘사한 부분에서는 차를 마시며 휴식을 취하는 사람, 혹은 의자에 앉아 한담을 나누는 사람, 또는 창에 기대 먼 곳을 바라보는 사람들이 그려져 있다. 모든 장면이 마치 『동경몽화록』의 기록을 그림으로 옮겨놓은 듯하다. 그림판 『동경몽화록』이라 할 수 있다.

이 시기에는 사방으로 이어진 수로를 통해 쌀, 차, 비단 등의 상품을 수송하고 지방과 수도 간의 교역이 이루어졌다. 이런 발전은 과거보다 훨씬 빠른 속도로 도시와 지방을 소통시키고 문화적으로도 단일한 세계를 만들었다. 뿐만 아니라 대외 무역도 더욱 활발해진다.

당시 무역항인 광주(廣州)나 명주(明州), 천주(泉州) 등은 완전히 개방된 국제도시로 아랍·고려·일본 상인들이 왕래하며 활발한 교역이 이루어졌다. 따라서 수도 개봉의 풍경인 〈청명상하도〉에 낙타가 줄지어 있다거나, 고려인과 향료가게가 보이는 것은 너무나 당연한 일이었다. 아랍인들은 점성국(占城國, 베트남)에서 침향이나 사향을, 도파국에서 후추·단향·정향, 발니국(勃泥國, 보르네오 섬)에서 강진향, 삼불제(三佛齊, 수마트라 팔렘방)에서 안식향·단향, 대식국(大食國, 사라센 제국)에서 유향이나 몰약·용연향·소합향유 등을 가져왔으므로 향료가게 진열대에는 남쪽의 온갖 향료가 펼쳐져 있었다. 〈청명상하도〉에서 보이는 개봉 시내 대로에는 향을 너무 많이 사용했기 때문에 모기가 없었다고 할 정도였다.

항주의 찻집, 개경의 찻집

북송대의 다관 풍경은 남송의 수도 임안에서도 그대로 이어진다. 남송의 오자목(吳自牧)은 『몽양록夢粱錄』에서 항주의 세련된 다관 인테리어에 대해 "임안부의 찻집[茶肆]은 고객을 끌기 위해 사계절에 맞는 꽃을 꽂아 놓거나 혹은 명화를 걸어놓기도 했으며, 특별하게 설계해 놓은 화분 받침대[花架]에 기이한 소나무와 전나무 분재를 나란히 배치하여 장식했다"고 적었다.

다관에서는 손님들이 차를 마시며 할 수 있는 놀잇감으로 가벼운 도박을 즐길 수 있는 주사위판인 쌍육(雙六)과 바둑판을 구비하기도 했다. 밤늦게 귀가하는 사람은 테이크아웃 티를 살 수도 있었다.

밤 11시가 넘어서도 병에 차를 담아서 차를 파는 사람들이 있었는데, 대개 공적이거나 사적인 일 때문에 업무를 본 사람들이 밤이 깊어서야 집에 돌아갔기 때문이다.

야시장[夜市], 『몽양록』

여요(汝窯) 청자 수선화 화분과 나무화분받침, 북송, 대만 국립고궁박물원 소장

『몽양록』에 "노동자[王奴]들이 모이는 다사(茶肆)가 있는데, 사람 손을 사는 곳으로 시두(市頭)라고 한다"는 구절이 있다. '시두'는 차를 제공하는 일용직 직업소개소라고 할 수 있다. 경제적인 부흥을 이루었던 남송시대 도읍 항주의 도시화에 따른 현상으로 볼 수 있다. 뿐만 아니라 오늘날과 같은 중국 특유의 대형 다관이 나타나기 시작한다. 규모가 큰 다관에 무대를 마련해서 예능과 가무를 감상하면서 차나 가벼운 음식을 즐길 수 있는 곳으로 서다관(書茶館)이라고 했다. 경제적인 여유가 있는 계층이 모여드는 곳으로, 주로 신화나 역사, 신비로운 이야기를 테마로 한 예능과 음악 연주를 감상할 수 있었다. 중국문학에서 남송 이후 희곡이 발달한 배경에는 이런 서다관이 있었을 것이다. 남송 이후 대도시마다 이러한 무대예술을 감상하면서 차와 가벼운 음식을 즐길 수 있는 다관이 성황리에 영업을 했으며 지금까지 그 명맥이 이어지고 있다.

차를 마시는 문화가 널리 퍼진 고려의 개경 거리에도 다점(茶店), 다방(茶房)이라 불리는 가게가 있었다. 『고려사절요高麗史節要』를 보면 목종(穆宗) 5년(1002)에 "다점(茶店), 주점(酒店) 등 여러 상점에서 물건을 매매할 때는 전례대로 돈(錢)을 사용하고, 백성들이 서로 사사로이 교역할 때는 그 지방에 마땅하게 하라"는 교지가 내려진다. 이 '다점'은 개경 시민이 돈을 지불하고 찻잎을 살 수 있는 곳이었으며, 또 차를 마실 수 있는 곳이었다. 임춘의 "낭중 이유의가 다점에서 낮잠을 잔 두절구(「李郞中惟誼茶店晝睡 二絶」)"라는 시는 이유의라는 낭중(정5품 관리)이 찻집의 누각에서 낮잠을 자다

깨어난 이야기를 시로 적은 것이며, 이숭인(李崇仁)의 "어떤 스님의 염주를 희롱하며 읊다(「戱賦一師念珠」)"라는 시에는 "다방과 술집은 서로 이어졌네"라는 구절이 나온다. 찻집과 술집이 별도로 존재했으며 번화한 개경 거리에는 이런 상점이 여러 개 있었음을 알 수 있다.

귀족 사회였던 당과 달리 송은 일반 백성들이 풍요를 누렸던 시기였다. 상공업의 발전이 가져온 도시의 부흥은 일반 백성의 생활 수준을 향상시켰다. 천 년 전 북송과 남송, 그리고 고려의 대도시에는 차를 마시며 이야기를 할 수 있는 공간인 다관이 존재했으며, 남녀노소 신분과 성별에 관계없이 이용할 수 있었다. 동아시아인에게 있어서 가장 자유롭고 풍요로운 생활이 가능했었던 시기는 이 무렵이 아니었을까? 특히 여성들에게는 가장 자유로운 시대였다고 볼 수 있다. 중국에서는 송, 한반도에서는 고려시대를 지나 명과 조선시대에 이르면 여성들의 자유로운 외출이 불가능해진다. 여성들이 다시 찻집 테이블에 앉기 위해서는 수백 년을 기다려야 했다.

우윳빛 경쟁, 투다

한 사대부 집에 손님이 오자 주인이 차를 내오라 명했다. 하인은 최고급 차 두 잔을 만들려고 하는데, 연이어 다른 손님이 왔다. 꾀가 난 하인은 두 잔 분량의 차로 세 잔을 만들어 올린다. 옆에 있던 등급이 떨어지는 저렴한 차를 집어넣은 것이다. 그러나 이는 크나큰 실수였다. 손님 중 한 사람이 다름 아닌 북송 최고의 티테이스터 채양이었기 때문이다.

차를 겨루다

채양은 대만 국립고궁박물원에 다수의 서예 작품이 소장된 서

당인(唐寅), 〈투다도鬪茶圖〉 부분, 명, 대만 국립고궁박물원 소장

예가이자 시인, 관료였다. 채양은 고품질 차의 생산지였던 복건 출신으로 복건로(福建路) 전운사가 되었다.

    채양은 차에 관해서는 최고의 전문가였으므로 북송 인종(仁宗)의 신뢰를 얻었다. 인종은 복건 건안 지방 풍속인 투다(鬪茶)에 흥미를 갖고 있었으므로, 채양은 당시 건안 지방의 차와 투다에 관

101

해 기록한다. 이것이 바로 『다록茶錄』이다. 채양이 건안 지방의 투다 풍경과 방식을 적어 보고하자, 황제와 도성 상류층은 크게 흥분했다. 투다는 누가 가장 아름답고 맛 좋은 차 한잔을 만들어 내냐는 경쟁이므로 명전(茗戰, 차 겨루기)이라고도 했다. 이렇게 고급스럽고 재미있는 게임을 그들이 따라하지 않을 이유가 없었다. 투다는 순식간에 도성에서 유행한다.

시를 짓는 모임을 '시사(詩社)'라고 하고, 차를 달이는 모임을 '탕사(湯社)'라고 했다. 이런 모임은 북송 상류층 사이에서 유행했던 별장이나 자택에 자연을 끌어들여 가꾼 정원, 즉 원림(園林)에서 이루어졌다. 직접 고른 차와 직접 고른 물로 차를 달이며 시를 짓는다. 투다는 고도의 기술을 가진 사람만이 승리할 수 있는 게임이었다. 품질 좋은 차를 가려내는 감식 능력, 차를 끓이는 물에 대한 깊은 이해, 아름답고 기능적인 차도구와 오랜 수련으로 다져진 솜씨를 갖춰야 하기 때문이다.

인간은 언제 어느 때든 게임에 매료된다. 그것이 어떤 종류이던 경쟁은 늘 발전을 가져온다. 투다라는 경쟁으로 사람들은 차의 고급화에 더욱 열을 올리게 되고, 어떻게 하면 좀 더 좋은 차를 점다(찻가루를 미세하게 거품 내기)하는가라는 기교적인 수련에 매진했다. 또한 차를 아름답게 보이게 할 최고의 도자기를 추구하고 명산의 유명한 샘물을 찾아 여행을 떠나는 사람들도 등장했다.

투다는 고려에도 전해졌다. 고려의 문인 이연종(李衍宗)이 박치암(朴恥庵)에게 차를 선물 받고 남긴 시 「사박치암혜차謝朴恥庵惠茶」(『동문선』)에 젊은 시절 스님들과 투다를 했던 이야기가 나온다.

> 젊은 시절 영남의 절에서 묵을 때
> 스님 따라 명전 놀이 했었지.
> 용암 바위 봉산의 기슭에서
> 스님 따라 대숲의 새순 차를 땄지.
> 불 앞에서 말린 것이 제일 좋다고 하는데
> 하물며 용천봉정 물이 있음에랴.
> 사미승 날랜 솜씨 빠르기도 하네
> 하얀 유화(乳花)가 찻사발에 끝도 없이 일어난다.

최고의 차

소동파(蘇東坡)는 '음다삼절(飮茶三絶)', 즉 차에 있어서 가장 중요한 세 가지를 좋은 찻잎, 좋은 물, 좋은 그릇이라고 했다. 차를 겨루는 투다의 첫 번째 관건은 바로 최고의 차를 얻는 것이다. 최고의 감식가 채양이 주장하는 좋은 차의 조건은 다음과 같다.

> 차의 색은 흰 것을 귀하게 여긴다. 그러나 병차는 진기한 고유(膏油)를 표면에 발라서 청, 황, 자, 흑으로 색이 다르게 나타난다. 차를 잘

감별하는 사람은 마치 관상 보는 이가 사람의 기색을 뚫어보는 것과 같아서, 은연중에 안을 살펴 속살이 윤택한 것을 좋은 것으로 삼는다. 이것을 가루 내 물을 부었을 때 황백색의 가루는 어둡고 무거우나, 청백색의 가루는 밝고 선명하게 된다. 그래서 건안 사람들이 차 겨루기를 할 때 청백색이 황백색을 이긴다.

차에는 차가 가진 본연의 향기인 진향이 있는데, 공납하는 차에는 용뇌향을 섞어서 차 향기를 도우려 했다. 건안 지방의 민가에서는 차를 끓일 때, 차의 진향을 뺏을까 두려워 아무런 향도 넣지 않는다. 만약 점다할 때 진과나 향초를 넣으면, 그 진향을 빼앗는 것이 더욱 심하니 응당 써서는 안 된다.

『다록』

즉, 투다에 사용하는 차는 백차(白茶)로 만든 단차였다. 오늘날 우리가 마시는 백호은침 같은 잎차가 아니다. 채양은 차가 가진 본연의 향기가 중요하며 용뇌나 진과, 향초 같은 향신료를 넣은 차를 고급차로 인식하는 도성 사람들은 건안 사람들처럼 차를 제대로 알고 즐겨야 한다고 일침을 놓았다.

이 고급스러운 게임에 참가하려면 먼저 좋은 차를 구해야 했다. 채양이 『다록』에서 말하듯 우선 건안산 건차 중 품질 좋은 백차를 골라서 투다에 써야 했기 때문이다. 민간에서는 이 차를 길상(吉祥)의 차라 했다. 사람들은 건안 백차를 구하기 위해 최선을 다했다. 황실 전용 북원에서 나는 차는 황제의 것인데다, 어쩌다 황제에게서 하사받은 것은 집안 대대로 가보로 삼아 자랑해야 하니 이걸 쓸 수는 없는 노릇이다. 그래서 건안 북원다원 근처의 차를 구하려고 다퉜다. 그중 북원 남쪽 학원(壑源)에서 나는 차가 최고의 명차였다. 건안은 이 명차를 손에 넣으려는 상인들로 북적였다. 이 시기 건안 사람이었던 황유(黃儒)가 쓴 『품다요록品茶要錄』에는 찻잎을 따는 시기의 건안 풍경이 잘 묘사되어 있다.

> 차를 사려는 자가 이미 우산을 지고 푸대를 들고 와서 문 앞에 대기하고 있거나, 혹은 먼저 예약을 하고 돈을 남겨 두고 가거나, 혹은 차가 이제 겨우 대자리에 놓였는데 다투어 그 값을 치르려고 한다. 때문에 학원의 차는 항상 상인이 요구하는 양을 채우지 못한다.

어느 시대든 수요가 공급을 넘으면 가격이 치솟는다. 그리고 공급 자체에 가짜가 끼어든다. 상인들이 군말 없이 매수하기에 바쁘니 차농들은 바로 인근 지역의 차보다 두 배 가격을 불렀다. 또 인근 지역의 차를 몰래 섞거나 다른 지역 차에 송홧가루를 섞어서 외양을 꾸미는 이들도 있었다. 심지어는 차와 관련 없는 다른 식물의 잎을 넣어 소위 가짜 차를 만들기도 했다.

> 물건은 실로 거짓을 용납할 수 없는데 하물며 음식물은 더욱 불가하다. 그래서 차에 다른 잎을 섞는 것을 건안 사람들은 입잡(入雜)이라고 불렀다. (중략) 차농들이 속여서 팔기도 한다. (중략) 차를 잘 판별

하는 사람들은 찻잔을 기울여 보면 섞어 넣은 것의 많고 적음을 알 수 있다.

『품다요록』

감나무 잎과 감람나무[桴欖] 잎은 가장 일반적으로 섞는 재료였다. 구하기도 쉬웠고 차에 섞으면 차의 색을 더 윤택해 보이게 했다. 감나무 잎과 감람나무 잎 등을 섞은 차는 섞었다는 것 자체가 커다란 문제가 되지는 않았다. 비록 차나무 잎은 아니지만, 건강에 해를 주지는 않았기 때문이다.

서민들은 웃돈을 주고 고급 차를 구할 여력도 없었거니와 차의 진정한 맛에 그다지 집착하지 않아서 가짜 차 하더라도 그 나름의 훌륭한 음료였다. 다만 투다를 하는 상류층은 이를 잘 판별하지 못하면 투다의 승자가 될 수 없었다.

최고의 물

허준(許浚)의 『동의보감東醫寶鑑』「논수품論水品」에는 물의 종류가 33가지나 적혀 있다. 옛사람들의 물에 대한 살핌은 현대인보다 더 정밀했다. 특히 차를 다룬 대부분의 고서는 '차는 물의 힘을 빌어서 피어난다'는 점을 간과하지 않았다. 좋은 차는 반드시 좋은 물을 만나야만 그 품성을 제대로 드러낸다.

전곡(錢穀), 〈혜산자천도惠山煮泉圖〉, 명, 대만 국립고궁박물원 소장

세상에서 가장 물맛 좋은 샘물은 어디에 있을까? 육우는 좋은 샘물을 찾아 주유했다. 그중 여산(廬山) 곡렴천(谷簾泉)을 천하제일천으로, 무석(無錫)의 혜산천(惠山泉)을 천하제이천으로 품평했다. 산림이 깊고 무성하며 아름다운 곳에 있는 바위틈에서 흘러나온 달고 찬 샘물이 가장 좋은 물로 인정받았다. 현대인이 칼슘과 마그네슘의 함량을 기준으로 경수와 연수를 구별하고, 삼다수와 에비앙으로 우린 홍차의 색·향·미가 다르다는 것을 이야기하듯, 당송대 이후 차를 애호하는 문인들은 물을 품평하는 품수(品水)에 각별한 주의를 기울였다.

강휴복(江休復)의 『가우잡지嘉祐雜志』에는 투다에 사용하는 물에 대한 당시 사람들의 인식을 보여주는 일화가 실려 있다. 소씨 성을 가진 이가 채양과 투다를 했는데, 채양은 혜산천 물을 사용했다. 소씨의 차는 채양의 차 맛을 이길 수가 없었다. 소씨는 다시 대나무 잎에서 떨어지는 물을 모아 차를 달이고 나서야 채양을 이길 수 있었다고 한다.

장우신(張又新)의 『전다수기煎茶水記』에는 육우의 품수에 관한 재미있는 이야기가 실려 있다.

육우는 양주에서 호주자사로 부임하러 가던 이계경(李季卿)과 같은 배를 탄다. 진강(鎭江) 부근을 지날 때 잠시 배를 정박하고 쉬었다. 이계경은 양자강 남령수(南零水)가 물맛 좋기로 유명하며, 함께 가던 육우가 차와 품수의 대가라는 것을 알고 있었으므로, "육군께서 차의 명인이라는 것은 천하가 다 아는 바입니다. 또 이곳 남령수는 뛰어난 절품이니, 이 두 가지 절묘함이 만나는 것은 천 년에 한 번 있을 일이 아니겠습니까? 이 좋은 인연을 어찌 헛되이 보낼 수 있겠습니까?"라고 했다. 육우가 대답하길 "대인의 고상한 뜻과 정성을 보아서라도 마땅히 차를 달여 올려야 하겠습니다만, 오늘 바람이 세서 파랑이 심하며 이미 오시(11시~13시)가 가까워져 물을 긷기 어려울 것입니다"라고 했다. 남령수는 원래 물이 회오리치는 가운데에 있어서, 자시(23시~01시)에서 오시 사이에 긴 밧줄을 이용해서 동으로 만든 병이나 항아리로 물속 깊이 들어가서 떠야 했다. 이계경은 즉시 믿을 만한 병사를 보내 오시가 되기 전에 남령수를 떠오라고 했다. 병사가 물을 떠오자 육우는 그 물을 맛보고 "강물은 강물이나 남령의 물이 아니라 강기슭 물 같군요"라고 했다. 그러자 물을 떠온 병사가 "제가 물속에 들어가 남령수를 뜬 것을 본 사람이 수백 명인데 어찌 거짓말을 하겠습니까"라고 했다. 육우는 조용히 물을 반 정도 버리고 다시 떠서 맛본 뒤 "아, 이것은 남령수군"이라고 했다. 놀란 병사는 바로 엎드려 죄를 고하며 사실대로 말했다. 물을 떠서 돌아오는데, 강에 바람이 세고 파도가 심해서 작은 배가 뒤집어질 듯 흔들리는 바람에 항아리 속의 물이 절반 정도 튀어나왔다. 할 수 없이 강변의 물을 항아리에 채워서 돌아온 것이다. 크게 감탄한 이계경은 육우에게 천하의 물에 대한 품평을 요청했다. 육우는 자신이 맛본 차에 맞는 천하의 명천 20개를 순서대로 적어주었다.

처음으로 명명된 천하제일 여산 곡렴천, 천하제이 무석 혜산천이라는 타이틀은 이렇게 해서 생겼다. 시대의 흐름에 따라 물맛이 변하기도 하고, 새로운 샘물이 발견되면서 이 천하명천의 순위는 바뀐다.

이와 매우 비슷한 이야기가 고려 말에도 있었다. 가까운 곳에 살며 서로 만나 차를 즐겨 마셨던 문인 성석연(成石珚)과 이행(李行)의 일화다.

> 한번은 이행이 오니 성석연은 아들을 시켜 창문 밖에서 차를 끓여 오게 했는데, 성석연의 아들은 물을 끓이다가 찻물이 넘쳐버리자 다른 물을 더했다. 이행이 차를 맛보고 말하기를 "이 차에는 두 가지 물을 섞었구나" 했다. 이행은 물맛을 잘 가려냈는데 충주 달천의 물이 첫째이고, 한강 한가운데 흐르는 우중수(牛重水)가 둘째이며, 속리산 삼타수(三陀水) 맛이 셋째라고 했다. 달천은 대개 금강산에서 나와 흘러온 것이다.
>
> 「유사척록遺事摭錄」, 『기우선생문집騎牛先生文集』

충주 달천의 물은 달래강의 물을, 한강 우중수는 한강 한가운데에 흐르는 물을 소처럼 무거운 물로 표현한 듯하다. 실제 미네랄 함유량이 높은 맑은 물은 비중이 무겁다고 한다. 마지막 삼타수는 속리산 어느 암자의 샘물인 듯하다. 육우가 천하의 샘물에 순서를 매겼듯이, 이행은 차를 끓이기 좋은 물에 순위를 두었으며

금정표(金廷標), 〈품천도品泉圖〉 부분, 청, 대만 국립고궁박물원 소장

두 가지 물이 섞였다는 것을 알아차린다. 대단한 감별 능력의 소유자였다.

좋은 샘물은 차를 사랑하는 사람들 사이에서 특별한 선물로 쓰였다. 고려 말 정도전(鄭道傳)과 함께 손꼽히는 문인이었던 이숭인은 차 애호가였다. 그가 정도전에게 차와 샘물을 선물하며 남긴 서정적인 시에서 고려인들이 차를 끓이기 위한 좋은 샘물에 큰 의미를 두었다는 것을 알 수 있다.

> 숭산(송악산) 바위틈을 굽이굽이 흐르는 작은 샘
> 솔뿌리 얽힌 곳에서 솟아난 것이라오.
> 사모 쓰고 독서하는 맑은 낮 따분할 제
> 돌솥에서 찻물 끓는 소리 듣기 좋겠지.
>
> 「차 한 봉지와 안화사 샘물 한 병을 삼봉에게 주며
> 茶一封幷安和寺泉一瓶呈三峯」

최고의 찻사발

눈이 많이 내린 날은 매화꽃을 꽂지 않는 법이다. 사람들은 하얀색을 더 도드라지게 하려고 그에 대비되는 어둡고 진한 찻잔을 찾았다. 따라서 백자보다는 청자를, 청자 중에서도 더 진한 빛을 내는 청자를 선호했다. 그리고 투다에 가장 적합한 잔은 청자보다 더 진한 흑유 잔이었다. 투다의 본고장이자 명차의 산지인 건안에서 이 흑유 잔을 만들었기에 '건잔(建盞)'이라고 불렀다. 건잔은 일반적인 찻사발보다 약간 도톰하게 만들어서 보온성을 확보했다. 또한 바닥은 깊고 약간 넓어서 점다하기 편리했고, 광택이 나는 검은빛이었기 때문에 차의 하얀 우윳빛 거품이 더욱 도드라진다.

건요 토호잔, 송, 대만 국립고궁박물원 소장

유적천목, 송, 개인 소장

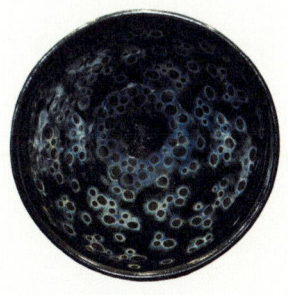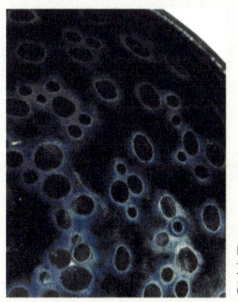

요변천목 재현품, 가평요 김시영 作, 개인 소장

일반적으로 건잔은 엎어놓고 보면 전체를 유약으로 처리하지 않고 밑면의 일정 부분의 태토가 그대로 드러나게 만들었다.

투다가 황실과 수도 개봉에서도 유행하자 건잔의 인기도 높아졌다. 흑유를 구울 때 생기는 다양한 자연스런 문양이 각광을 받았다. 그중에서 사람들이 가장 선호한 것은 토끼털처럼 섬세한 선이 생긴 건잔으로 '토호잔(兎毫盞)'이라고 불렀다. 건잔 문양 중 일반적인 것은 검은 바탕에 기름이 점점이 떠 있는 느낌이 드는 '유적잔(油滴盞, 유적천목)'이다. 마치 밤하늘의 은하수 같은 환상적인 분위기를 연출하는 잔이다.

흑유를 만드는 도요지가 많이 생겼지만, 상류층의 투다에서는 오직 복건 건요(建窯)의 건잔을 사용하고 싶어 했다. 풍류황제 송휘종도 대신들에게 연회를 베풀 때 토호잔을 사용했다. 건차를 건잔에 마시는 것이야말로 황제와 귀족이 누리는 호사로움의 상징이었다.

송대 이후 중국인과 조선인들은 이 검은색 찻사발을 완전히 잊어버린다. 그러나 일본은 오늘날에도 '천목다완(天目茶碗)'이라 하며 건잔을 선호하는 경향이 있다. 일본으로 차가 전해진 것이 선종 불교 승려들을 통해서였으며, 이들이 천목산 주변의 사찰에서 불법을 배운 뒤 차와 당시 가장 유행하던 건잔을 가져갔기 때문에 붙여진 이름이다. 건잔은 그 후 계속 일본인의 애호품이 되었으며 그중 '요변(曜變)'이라고 불리는 잔이 일본 국보로 지정되어 있다.

최후의 승자

북송대 문인 당경(唐庚)은 『투다기鬪茶記』에 "임술일에 몇몇 군자와 투다를 했다. 나는 용당수(龍塘水)를 취해 차를 달였다. 모두의 차에 품을 정했는데, 모씨가 위이고, 모씨가 다음이며 모씨는 복건 사람이라 응당 잘할 줄 알았는데, 그다음이었다. 대체로 모두 정교하고 절묘했다"고 적었다.

투다는 승자를 뽑을 뿐만 아니라 응원하며 지켜보는 구경꾼도 있고, 우승자는 상을 받기도 했다. 차를 겨루며 차를 품평하고, 차를 예찬하는 시를 짓는 것은 문인아사(文人雅士)들의 취미이며 교양이었다. 북송의 범중엄(范仲淹)은 이 흥미진진한 게임의 모습을 「투다가鬪茶歌」란 시로 남겼다. 이 시에서 그들이 최후의 승자가 되길 얼마나 염원했는지 알 수 있다.

북원의 차 기한 내에 천자님께 올려야만 하느니
임하의 여러 호걸들이 먼저 그 아름다움을 다투네.
수산의 동으로 만든 차 풍로에는 구름이 조각되어 있고
병을 들고 진강 중령천(中泠泉)의 물을 길어오네.
황금 맷돌 가장자리엔 푸른 찻가루 휘날리고
벽옥 다완엔 비췻빛 물결 일어나네.
맛을 겨루니 제호(醍醐)처럼 부드럽고
향을 겨루니 난향처럼 은은하다.

그 품제를 어찌 속일 수 있으랴
열 개의 눈과 열 개의 손이 지켜보는데.
이기면 신선이 되어 하늘을 날 듯하고
지면 패장처럼 부끄럽다네.

    중국인에게 세상에서 가장 좋은 맛의 상징은 제호이며, 세상에서 가장 그윽한 향기는 난초향이다. 투다에서 이길 수 있는 차는 우유를 정제해서 만든 제호처럼 부드럽고, 그 향은 난초처럼 은은하다. 최후의 승자가 되기 위해서는 이런 최고의 한잔을 만들어 내야 한다. 그 과정은 다음과 같다.

    건안 지역에서 나는 건차는 모두 쪄서 열을 가하여[蒸焙] 병차로 만들었으므로, 이것을 갈아 가루를 낸다. 이 가루를 사천에서 온 고급 비단으로 만든 체에 친다. 그리고 물을 끓인다. 물맛 좋기로 유명한 샘물이나 강 한가운데를 흐르는 물이어야 한다. 풍로에 사용하는 숯도 원하는 불을 만들어야 하므로 엄선한다. 물은 지나치게 끓이면 안 되고 덜 끓어도 안 된다. 물이 덜 끓은 상태에서 쓰면 거품의 입자가 커지고, 너무 끓이면 차의 맛과 향을 살려내지 못한다. 소동파는 물을 끓일 때 물속의 기포가 게의 눈 크기에서 물고기의 눈 크기로 커졌을 때, 물이 끓어오르는 소리가 바람이 소나무에 부는 소리와 같을 때, 물속의 미세한 기포가 끓어올라 춤추는 눈꽃처럼 끊임없이 선회할 때, 이 순간의 물로 차를 만드는 것이 가장 좋고 더 끓이면 지나치다고 했다(『시원전다試院煎茶』).

찻사발은 먼저 불에 쪼여서 따뜻하게 해 놓는다. 따뜻한 찻사발에 딱 알맞은 분량의 차를 넣고, 끓는 물을 약간만 부은 후 잘 섞은 다음 다시 뜨거운 물을 서서히 붓는다. 핸드드립 커피의 뜸 들이기와 조심스런 물 붓기를 연상시키는 고도의 집중력이 필요하다. 그리고 차시나 차선을 사용해서 차 분말과 물이 잘 섞여 연유처럼 되도록 반죽한다. 반죽한 차는 수면 위로 떠올라야 하며, 찻사발 바닥에 가라앉으면 안 된다. 차가 가라앉는 데는 여러 가지 이유가 있다. 차를 충분히 곱게 갈지 않았거나, 비단체의 밀도에 문제가 있거나, 물을 너무 끓여버렸거나, 찻사발을 사전에 예열해 두지 않았기 때문이다.

좋은 물을 길어오고 좋은 백차를 갈아 가루를 잘 쳐서 딱 알맞게 끓은 물로 격불해 차가 수면 위로 잘 떠오르게 하는 데 성공했다면 그 다음은 색이다. 상등품 백차를 사용하는 것이 투다의 원칙이므로 크림스프나 화이트소스를 연상시키는 우윳빛의 미세한 포말을 만들어야 한다. '결응(結凝)' '눈[雪]' '유화(乳花)'라고 부르는 우윳빛 거품은 하얄수록 귀하고, 녹색이나 비취색이 진하면 안 된다.

고려시대에도 하얀색 차 선호는 마찬가지였다. 비록 건안 지역의 백차가 아니더라도 우윳빛 거품은 좋은 차의 상징이었다. 고려 문인과 승려들이 차를 노래한 시에서 이 하얀색에 대한 이야기가 많이 나온다. 원감국사는 "자기 찻사발엔 다유(茶乳)가 희고, 비자나무 책상엔 향 연기 피어나네(「한가로운 중에 우연히 쓰다閒中偶

書」)", "발우엔 막 싹튼 나물이 담겼고, 사발엔 눈 같은 다유가 가득하네(「암자에서 지내는 즐거움庵中樂」)"라고 했다. 하얀 거품 다유는 좋은 차의 상징이었다.

승자의 우윳빛 유화는 찻사발 가장자리에 물 흔적 하나 없이 잘 떠올라 있고 오래 지속되어야 한다. 휘종은 『대관다론』에서 "유화가 찻잔에 응고하여 흩어지지 않는 것을 교잔(咬盞)이라고 이른다"고 했다. 송대 시인 매요신(梅堯臣)은 투다에서는 교잔이 더욱 중요하다고 읊었다. 크림같이 곱고 하얀 거품이 검은 흑유 찻사발 벽면에 오랫동안 붙어 있는 모습 자체가 아름다웠기 때문에 승자의 차는 교잔이 중요했던 것이다. 그리고 그 맛은 제호보다 부드러우며, 그 향은 난향보다 고왔다. 마시고 나서 입안에 남는 잔향(殘香) 잔미(殘味)도 까다롭게 따졌다.

그 다음은 향이다. 소동파와 사마광(司馬光)이 일찍이 차와 먹에 관해 담론할 때 먹은 검을수록 좋고 차는 하얄수록 좋으며, 두 가지 모두 가장 중요한 것은 향이라는 점에서 의견 일치를 이룬다. 그것은 두말할 것도 없이 난초처럼 고상하고 은은한 차향이다.

흰 우윳빛, 고상한 난향, 제호 같은 감미로움을 향한 무한질주!

천 년 전 아이스티, 강차수

"얼음이요~ 얼음 있습니다."

얼음을 외치며 지나가는 얼음장수 목소리가 우렁차게 들린다. 땀을 뻘뻘 흘리며 걷던 한 젊은 청년은 자기도 모르게 고개가 돌아간다. 송문(宋門) 밖, 언제나 시원한 파란색 테이블보가 깔린 탁자를 내놓는 빙설(氷雪)집에 가서 설탕에 절인 녹두와 황냉단자(黃冷團子)를 가득 올려주는 빙설 한 사발을 사서 입안에 넣고 싶은 생각이 간절하다. 그러나 이 더운 날 송문 밖까지 걸을 엄두가 나지 않는다. 다행히 바로 앞 노점에서 강차수(江茶水)를 팔고 있다. 강차(江茶)로 만든 시원한 냉차를 얼음궤짝[氷櫃]에서 꺼내 준다. 언젠가 마셔 본 용봉단차를 갈아 만든 차와는 비교도 할 수 없지만, 쌉쓰름하고 상쾌한 맛이 입안에 감돈다. 차의 명산지 강소성 어딘가에서 올라온 상등품 강차로 만들었다는 차장수의 말이 거짓은 아닌가 보다. 얼음궤짝에서 금방 꺼낸 것이라서 그런지, 벌컥벌컥 들이켜고 나니 어느새 땀구멍이 서늘해진다.

강차수로 더위를 식힌 청년은 북송의 수도 개봉 풍경을 생생하게 그려낸 『동경몽화록』의 저자 맹원로이다. 맹원로가 마신 강차수는 어떤 것이었을까? 남송 오자목의 『몽양록』을 보면 한여름의 주교(州橋) 야시장에서 유당진설(乳糖眞雪), 단팥당(甘豆糖), 파파야주스[木瓜汁], 매실주스[鹵梅水], 강차수(江茶水), 여지고(荔枝膏) 등 냉음료를 팔고 있다고 했다. 그러니까 강차수는 송대 사람들이 거리에서 사 마시던 한여름의 아이스티였던 것이다.

강차는 고급 용봉단차와 달리 산차(散茶) 형태로 만든, 서민들이 사용한 차를 말한다. 강절(江浙, 강소성·강서성·절강성)에서 올라온 차이므로 강차라고 불렀다.

송대의 유명 화가인 유송년(劉松年)의 〈명원도시茗園賭市〉에는 한쪽에는 투다를 하는 모습이, 한쪽에는 차를 판매하는 모습이 그려져 있다. 그림 속 차장수의 차 시렁[茶棚] 덮개 위에는 '상등강차(上等江茶)'라고 쓰여 있다. 차양 아래에는 다완, 다탁, 다병, 차바구니, 차 집게 등이 정리되어 있다. 찻잎을 저울로 달아 팔 뿐 아니라 바로 차를 마실 수 있게 만들어서 판매했다. 당시 사람들이 차를 마시는 방식을 생각하면 아마도 산차를 갈아서 병에 넣고 흔들어서 찻사발에 담아 팔거나, 만들어 둔 차를 손님이 가져온 주

유송년, 〈명원도시〉, 송, 대만 국립고궁박물원(National Palace Museum) 소장

전자나 항아리에 담아준 것 같다. 어쩌면 지금의 냉침처럼 찻잎을 찬물에 오래 담가두었다가, 그 물을 걸러서 얼음궤짝에 넣어 두고 팔았는지도 모른다. '상등강차'라고 써 붙인 것을 보면 당시 서민들이 마시던 차 중에서 가장 인기 있었던 차는 강차였을 것이다. 『송사宋史』「식화지食貨志」에는 "강절에서 생산되는 산차는 상, 중, 하 또는 제1에서 제5까지의 등급이 있다"고 기록되어 있으니 차장수는 '상등강차'라고 홍보하고 있는 것이다.

저울막대기[天秤棒] 우측에는 부녀자가 옷깃이 열린 윗옷을 입고 있는 것으로 보아 더운 여름날의 시장 풍경인 듯하다. 오른손에 차롱, 왼손에 차항아리를 들고 있으며 옆에 있는 아이 손에도 다완이 있는데, 차를 사가지고 돌아가려고 하는 듯하다.

송대 개봉과 항주 사람들은 아이스티 외에도 지금 우리가 즐기는 온갖 여름 음료를 마시며 여름을 보냈다.

> 교문(橋門)시장에서는 빙설량수(冰雪凉水)를 파는데, 모두 거리에 푸른 베를 펴고 탁자와 의자를 설치했다. 빙설을 많이 파는 곳으로는 옛 송문 밖의 두 집이 가장 장사가 잘되는데, 모두 은그릇을 사용한다. 사탕녹두(沙糖綠豆), 황냉단자 등은 도성 사람들이 삼복더위에 가장 중하게 여기는 것이다.
>
> 맹원로,『동경몽화록』

은으로 만든 그릇에 얼음을 갈아서 담고 설탕에 재운 녹두, 단팥, 단자를 올린 빙설량수는 오늘날의 빙수와 다르지 않다. 여름날 찻집에서 팔던 매화주에 얼음을 갈아 눈처럼 올린 '설포매화주(雪泡梅花酒)', 단팥이나 단 녹두에 눈꽃얼음을 올린 '설포두이수(雪泡豆爾水)', 아이스바처럼 만든 '빙탕(冰糖)', 셔벗처럼 만든 '빙설(冰雪)', 콩소에 설탕과 꿀을 넣은 경단을 만들어 얼음물에 띄운 '냉원자(冷元子)', 감초탕에 얼음을 갈아 넣은 '빙설감초탕(冰雪甘草湯)', 얼음에 여지 진액을 넣은 '량빙여지고(涼冰荔枝膏)' 등 수없이 많은 얼음음료를 시장에서 사 먹을 수 있었다.

궁정에서는 신하들에게 얼음뿐만 아니라 '밀사빙(蜜沙氷)'도 하사했다. 꿀과 녹두나 팥소를 빙설에 올린 팥빙수였다(『송사宋史』). 또 궁정에는 지금의 아이스크림을 연상시키는 일종의 얼린 우유음료가 있었는데 '빙락(氷酪)'이라고 했다. 과일주스, 우유, 얼음을 섞어서 만든다. 양만리(楊萬里)는 「증유영빙락曾有詠氷酪」이라는 시에서 빙락을 먹으니 입안에서 사르르 녹는 듯하고 정말로 상쾌했으며, 빙락을 막 가져왔을 때는 옥덩어리 같았는데 쟁반에 놓으니 부서졌고 태양빛을 보니 녹기 시작했다고 했다. 매요신이 쓴 시에 나오는 얼음 케이크 '빙소(氷酥)', 남송 시인 범성대(范成大)의 시 「중오重午」에 나오는 '밀종빙단(蜜粽冰團)', 같은 제목의 육유(陸游)의 「중오」에 나오는 '원지빙(苑池冰)' 등 그 이름으로 유추해보아도 빙수, 아이스크림, 아이스바 등 있을 건 다 있었다.

동양에서는 고대부터 겨울에 얼음을 채취해서 보관했다가 여름에 이용했다. 『시경詩經』 「빈풍豳風」에서 "12월이 되면 얼음을 깨어 정월에 빙고(氷庫)에 넣었다"라고 했으니 얼음을 이용한 것은 아주 오래된 일이다. 중국은 물론 한국, 일본도 마찬가지였다. 신라시대의 석빙고, 고려시대 개성의 외빙고·내빙고, 조선시대의 동빙고·서빙고와 창덕궁의 내빙고는 모두 얼음을 보관하던 장치였다.

신라시대, 고려시대에도 왕이 신하에게 얼음을 하사한 기록이 매우 많으며, 조선시대 상류층에서는 생활 속에서도 이용했다. 그래서 개인이 지은 사빙고도 출현한다. 지방의 특산품을 왕실로 보낼 때도 조빙궤(造氷櫃)라는 아이스박스를 만들어서 신선한 생선 등을 넣어 올렸다. 예를 들어, 안동의 특산인 산란기를 맞아 낙동강을 거슬러 올라온 한여름 은어를 신선하게 수송한 것이 대표적인 사례이다(김영金坽, 『계암일록溪巖日錄』). 얼음쟁반[氷盤]에 올린 과일은 최고의 여름 음식이었으며(『성호사설星湖僿說』), 연산군은 연회에서 얼음을 넣어 시원하게 한 커다란 놋 쟁반 위에 포도를 놓고 먹었다(『연산군일기燕山君日記』).

당대까지 얼음은 황실의 하사품이었다. 시중에 얼음에 향료와 꿀을 넣어 파는 여름 음료가 있긴 했지만(왕정보王定保, 『당척언唐摭言』) 상류층의 사치품에 불과했다. 송에 이르러 이 얼음이 궁정에서 나와 시장으로 진출한다. 백성들이 가장 풍요로운 생활을 누렸다는 송대에는 민간에 얼음 산업이 널리 퍼지게 된다. 북송의 수도 개봉에는 '장병동(藏兵洞)'이라는 대형 얼음창고가 있었다. 이곳은 다른 지역의 장병동처럼 군사들을 숨길 수 있는 동굴이 아니라 겨울에 얼음을 채취해서 보관하는 곳이었다. 얼음 장수는 '눈장수(매설인賣雪人)'라고 불렸다. 경성의 땅속에 어마어마한 분량의 얼음을 보관하므로, 눈장수들이 얼음을 계속 가져다 팔아서 원한다면 얼마든지 얻을 수 있었다(유반(劉攽), 『희작매설인가戲作賣雪人歌』). 덕분에 송나라 사람들은 달콤하고 시원한 여름 음료를 어디서든 만날 수 있었다.

송 태조는 962년에 '빙정무(冰井務)'라는 얼음과 냉식품을 관할하는 기관을 설치했으며(『송조회요宋朝會要』), 광동 지역에서는

경덕진요, 파란 손잡이 찻잔, 원, 대만 국립고궁박물원 소장

사탕수수를 재배해 설탕 생산이 대폭 증가했다. 그래서 대도시에서는 설탕을 넣어 만든 단 음식을 먹으며 차를 마시고, 한여름에는 시원한 아이스티를 마시는 일이 일상이었다. 오자목의 『몽양록』 「점심點心」 편에는 수를 세기 어려울 정도로 많은 디저트가 기록되어 있는데, 설탕이 충분했기 때문에 가능한 일이다.

북송이 멸망하자 개봉의 얼음 장수들은 남송으로 내려가 얼음 산업으로 가족을 부양했다. 남송의 주밀(周密)이 지은 『무림구사武林舊事』의 「도시인 피서」에는 "도성 사람들은 빙설로 입을 시원하

125

게 한다"는 구절이 있다. 북송에서 내려온 얼음장수들은 한겨울에 얼음을 채취해서 보관했다가 한여름에 파는 것뿐 아니라, 겨울에 얼음을 만드는 제빙 기술도 있었다(양만리, 『여지가荔枝歌』). 덕분에 남송 항주 시민들도 시원한 아이스티, 온갖 토핑을 올린 달콤하고 상쾌한 빙수, 입안에서 사르르 녹는 연유가 들어간 아이스크림을 사 먹을 수 있었으며, 부자들은 얼음쟁반 위에 과일과 음식을 올려놓고 즐겼다. 언제든 얼음을 먹을 수 있는 황제들은 달콤하고 시원한 빙수와 빙과를 너무 많이 먹어서 설사를 했으며(송 효종), 남송 항주의 부자들은 병자에게 무료로 얼음을 나눠주며 인심을 얻을 정도로 얼음 산업이 발달했다.

1292년, 마르코 폴로가 중국 원나라에서 이 새롭고 신기한 아이스크림을 맛보고 이 아이디어를 유럽에 전했다고 하지만, 유럽에서 아이스크림과 비슷한 먹을거리가 생기는 데는 몇백 년이 더 지나야 했다.

티아트
분차

　작지만 분위기 있는 카페에서 정교한 솜씨로 예쁜 하트 모양이나 섬세한 나뭇잎 모양, 귀여운 곰돌이나 고양이 문양을 새긴 카페라테를 만들어 주는 카페 주인을 가끔 만날 수 있는데, 천 년 전 송대 티아티스트들에게 이런 기교는 그야말로 아무것도 아니었다. 그들은 오로지 차와 물만 가지고 벽옥같이 고운 청자 잔에 하얀 크림 같은 거품이 가득한 차를 만들고 그 위에 나뭇잎이나 곤충, 물고기 문양을 만들었다. 심지어는 시구(詩句)를 넣기도 했다. 물론 거품 낸 차 위에 일부러 젓가락을 이용해 그림을 그리거나 시를 쓴 것이 아니다. 차선을 휘저으면서 거품 위에 순간적으로 여러 문양이 나타나게 했다.

　송대 차 달인들의 솜씨는 상상만으로도 경탄을 금치 못하는 것이었다. 이들이 솜씨를 뽐내는 것을 분차(分茶) 또는 차백희(茶百戲), 탕희(湯戲)라고 했다. 눈이 오는 날이면 눈을 녹여 차를 달였다는 풍류인이었던 송대 초 한림학사 도곡(陶穀)의 『천명록荈茗錄』에 그 광경이 기록되어 있다.

> 탕을 부어 점다하면서 탕의 표면에 기이한 형상을 나타내는 것은 차장(茶匠)이 신에 경지에 오른 기예(技藝)이다. 사문인 복전(福全)은 금향(金鄉)에서 태어나고 다해(茶海)에서 자라서 탕을 부어 차탕 표면에 모양을 만들어 시 한 구절을 넣는 데 능했다. 네 사발을 타면 모두 시 한 절구(絶句)가 탕 표면에 떠올랐다. 소소한 모양들이 순식간에 만들어졌다. 사람들이 이 소문을 듣고 날마다 찾아와서 이 탕유희를 보여 달라고 했다.
> 요즘 찻사발에 탕을 부어 숟가락으로 젓다가 신묘한 재주를 부려 탕의 무늬와 수맥이 형상을 이루게 하는 것이 있다. 금수, 벌레, 물고기, 화초 같은 종류로 섬세함이 마치 그림을 그린 것 같다. 다만 순식간에 흩어져 사라지니 이는 차의 변화이다. 사람들이 이것을 차백희라 이른다.

분차는 찻사발에 찻가루를 넣고 뜨거운 물이 든 탕병으로 조심스레 물을 부으며 차선을 힘차게 젓는 점다를 하고 나면, 그 미세한 거품이 순간적으로 기이하고 환상적인 형상을 만들어 내는 차의 예술이자 일종의 놀이이다. 분차에는 고도의 기교가 필요하다. 탕병으로 물을 붓는 시점, 탕병의 높낮이, 떨어지는 물의 세기를 결정하는 손목의 힘 조절, 탕병 출수구의 모양 등의 차이를 이용해야 하기 때문이다. 바리스타가 핸드드립으로 커피를 내릴 때 날렵한 출수구를 가진 전용 포트로 고도의 집중력을 기울이며 정교하게 커피를 내리는 것과 비슷하다고 할 수 있다.

남송 시인 양만리는 「담암좌상관현상인분차澹庵坐上觀顯上人分茶」에서 분차를 하는 모습을 상세하게 묘사했다.

> 단장(檀長)이라는 승려가 곱게 간 차를 복건 특산 토호잔에 넣고 은으로 만든 탕병에 물을 끓여 찻잔에 물을 붓는다. 한 손으로는 물을 따르고, 한 손으로는 대나무로 만든 찻솔인 차선으로 힘차게 차를 휘

당인, 〈투다도〉 세부, 명, 대만 국립고궁박물원 소장(←) / 은탕병, 당(→)

젓는다. 찻가루가 물과 만나 하얀 거품이 일어나면서 분차가 이루어진다. 은탕병의 출수구를 아래로 향하게 하고 엉덩이 부분이 위로 향하게 하여 은탕병 속 뜨거운 물이 마치 실선처럼 가늘게 찻사발 속에 떨어진다. 그가 신묘한 기교로 물이 떨어지는 속도를 조절하면서 찻사발을 기울이면 찻사발 표면에 갑자기 기기묘묘한 형상이 그려진다. 해와 달이 하늘에 걸린 듯한 문양이 나오다가 얼어붙은 강의 그림자처럼 시시각각 변하다가 문자가 나오기도 한다.

요즘 중국에서는 말차를 진하게 타서 넓은 그릇에 담아 놓고, 별도의 흰 차 거품을 이용해 가느다란 대나무 차시로 그림을 그려 넣는 분차 놀이가 유행인데, 중국의 전통 다예(茶藝) 분차와는 거리가 있다. 송대의 분차는 어디까지나 물 조절과 격불에 의해 순식간에 나타났다 사라지는 것이었다.

분차는 차를 품평하는 품명(品茗)도 아니고, 투다와도 다른 일종의 독특한 팽다예술이자 유희였다. 분차는 유명한 장인뿐 아니라 문인들도 즐긴 티아트였다.

남송의 저명한 시인 육유는 역대 시인 중 차에 관한 시를 가장 많이 남긴 인물로, 그 수가 무려 300여 수에 달한다. 어린 시절을 다산(茶山, 고저산)에서 보낸 육유는 10년간 차를 관리하는 지방관을 지냈으며 말년에는 좋은 샘물을 찾아 차를 시음하는 것으로 보냈다. 차를 사랑했고 깊이 이해했던 육유는 천하명차를 시음하고 그 절묘함을 시로 남겼는데, 북원차·무이산차·학원차·아미산

차 등이 등장한다. 또한 분차도 여러 번 등장한다. 밤새 봄비가 내리고 청명하게 맑은 어느 날 홀로 한가한 때를 보내는 정서를 노래한 「임안춘우초제臨安春雨初霽」라는 시에서 "작은 종이에 비스듬히 초서를 쓰고/ 청명한 창문을 열고 섬세한 우윳빛을 만들며 분차를 즐긴다"고 노래했다. 봄비가 그친 날 창문을 열고 글씨를 쓰다가 홀로 차를 가지고 유희를 하는 시인의 모습이 그려진다.

남송대 주거비(周去非)가 남긴 지리서인 『영외대답嶺外代答』에 "건안은 명차의 산지인 만큼 풍속이 고상하여 분차를 잘하지 못하는 사람이 없다"라고 나오는 것으로 보아 명차의 산지인 건안에서 분차는 흔한 일이었을 것이다.

북송 휘종의 총애를 받았던 채경의 『연복궁곡연기延福宮曲宴記』에는 1120년 12월 휘종이 연복궁에서 친왕과 신하들을 불러 곡연(曲宴)을 베풀었을 때의 일화를 적고 있다. 곡연은 경주 포석정 같은 곡수를 궁정이나 문인들의 정원에 설치하고 그곳에 찻잔을 띄우거나 술잔을 띄우는 상류층의 풍류놀이다.

휘종이 건잔인 토호잔에 차를 넣고 차선을 이용하여 직접 차를 만들었는데, 흰 유화가 찻잔 위로 떠오를 때 그 위에 나타나는 문양이 유성이 흐르고 맑은 달이 나타난 듯 했다고 한다. 휘종이 직접 분차를 해 여러 신하들에게 보여주며 신하들에게 차를 대접한 것이다.

분차는 순식간에 나타났다 순식간에 사라지는 것이 매력이자 아쉬움이기도 했다. 인간은 아쉬움을 참지 못하는 존재다. 어떻게

길주요 목엽천목 다완, 송, 개인 소장

길주요 천목다완, 송, 개인 소장

길주요 천목다완, 송, 개인 소장

든 이 분차의 문양이 계속되길 원했다. 분차에서 나타나는 문양을 아예 그릇에 그려 넣으면 될 일이지만, 코발트 안료가 들어오기 전에는 그릇에 그림을 그리지 못했다. 그러나 기어코 또 다른 방식을 찾아낸 사람들이 있었으니, 바로 남송대에 부흥했던 강서성(江西省) 길주요(吉州窯) 도공들이다. 찻사발에 흑유 유약을 바르고 유약이 마르기 전에 원하는 문양을 종이로 잘라 넣은 후 형태가 다 건조되었을 때 조심스럽게 잡아 껍질을 뜯어내 복잡한 종이 도안이 그릇에 남게 하고 다시 유약을 덧칠해 구워내는 방식이다 (Paper resist).

이로써 새나 꽃, 곤충 그리고 문자도 나타낼 수 있었다. 특히 길주요 다완 중 부식시킨 나뭇잎을 그릇에 붙여서 가느다란 잎줄기만 완전하게 살아 있는 자연 그대로의 모습을 표현한 목엽천목의 아름다움은 모두를 놀라게 하기에 충분했다.

특별함에 대한 인간의 욕구는 분차라는 티아트를 만들어 냈고, 티아트는 그대로 길주요 찻사발 내부로 들어가 결코 사라지지 않는 티아트가 되었다.

차가 있는 우아한 모임, 아회

향 피우기, 차 시음하기, 벼루 씻기, 가야금 연주하기, 서책 교열하기, 달 기다리기, 빗소리 듣기, 꽃에 물 주기, 속세를 떠나 유유자적하기, 약방문 쓰기, 이곳저곳 돌아다니기, 햇볕 즐기기, 물고기 낚기, 그림 감상하기, 샘물에서 양치질하기, 지팡이 짚고 산보하기, 예불 드리기, 술 음미하기, 편안히 앉아 쉬기, 불경 번역하기, 산 바라보기, 서화 모사하기, 대나무에 기대앉기 어느 것이건 홀로 누리는 즐거움이다.

진계유(陳繼儒), 『태평청화太平淸話』

읽기만 해도 기분이 좋아지는 유유자적하는 생활이다. 상류층 문인이라면 어느 시대, 누구인들 이런 생활을 꿈꾸지 아니했으랴! 이런 꿈같은 생활을 위한 공간이 필요했으니 그곳이 바로 차이니스 가든 '원림(園林)'이었다.

차문화 공간 원림

중국은 일찍부터 상류층 문인들 사이에서 산장이나 별서(別墅)로 불리는 일종의 별장을 도성 외곽에 만들거나, 도성의 저택 안으로 자연경관을 끌어들인 정원을 만드는 원림문화가 유행했다.

당대의 위대한 시인 백거이는 원림을 조성하는 데 정열을 쏟은 대표적인 인물이다. 그의 천재적인 심미관과 원림 이론은 훗날 동양 정원 형식의 바탕이 된다. 백거이는 원림의 가치를 크기와 화려함에 두지 않았다. 작은 원림이라도 연못에 물고기와 자라가 있고, 숲에는 새가 있으며, 주인이 편안하게 거하고, 때때로 지팡이를 짚고 찾아오는 벗이 있다면 충분히 가치가 있다고 했다(「백제소원自題小園」).

백거이는 관직의 이동에 따라 가는 곳마다 자신의 이상향을 현실에 투영하는 원림을 만들었는데, 그의 시에 가장 많이 등장하는 곳은 여산초당(廬山草堂)이다. 여산의 동림사(현 유애사遺愛寺) 옆 작은 계곡에 소박한 집을 짓고, 계곡의 맑은 물을 끌어들여 연못을 만들고, 소나무와 대나무를 심고, 돌을 배치하고, 원경을 끌어 들여 원림의 일부가 되게 했다. 특히 백거이는 돌을 중시 여겼는데, 『태호석기太湖石記』에 "돌에는 삼산오악(三山五岳)과 천 개의

정운붕(丁雲鵬), 〈여산고廬山高〉, 명, 대만 국립고궁박물원 소장

계곡이 굽이 흘러 응축되어 있다. 돌을 보고 있노라면 천장의 높이와 만 리의 원경(遠景)을 얻을 수 있다"고 했다. 백거이는 이 여산초당에서 샘물을 길어 홀로 차를 달였다.

> 차디찬 물 떠 놓고 앉아
> 차를 다리며 푸른 찻가루 퍼지는 것을 보네
> 한 사발 가져다 줄 방법이 없네
> 차를 사랑하는 사람에게
>
> 「샘물로 차를 달이며山泉煎茶有懷」

맛있는 음식을 보면 부모님이 생각나고, 맛있는 차를 보면 친구가 생각나는 법이다. 맑은 샘물을 떠다 좋은 차를 달이니 차향이 그윽하게 피어오르고 차를 사랑하는 친구가 생각났을 것이다. 봄꽃들이 만개할 무렵 친구들을 청해 새로 구한 햇차를 맛보기에 이보다 더 좋은 곳이 있었을까?

중국의 수많은 화가가 여산초당을 소재로 한 그림을 남겼다. 조선시대 겸재(謙齋) 정선(鄭敾)의 〈여산초당도廬山草堂圖〉, 심사정(沈師正)의 〈여산유서廬山幽棲〉도 백거이의 여산초당을 그린 것이다. 이 여산초당이 자리했던 여산은 사마천(司馬遷)이 『사기史記』에 기재한 이래 역대 중국 시인과 묵객들에게 가장 사랑받는 곳이다. 도연명(陶淵明)이 살았던 '정절서원(靖節書院)'이 있고, 주자(朱子)가 경학(經學)을 강론한 '백록동서원(白鹿洞書院)'이 있으며 이백(李白)

구영(仇英), 〈초음결하도蕉陰結夏圖〉 부분, 명, 대만 국립고궁박물원 소장

이 "비류직하삼천척(飛流直下三千尺)"을 읊었던 '폭포천(瀑布泉)'이 있다.

위진 시기 죽림칠현(竹林七賢)이 깊은 산속에 은거했던 것과 달리, 송대 문인들은 원림을 만들어 시끄러운 세속에 있으면서도 자연에서 은일하는 기분을 즐기길 원했다. 이를 시은(市隱) 또는 성시삼림(城市森林)이라 했다. 비록 몸은 세속에 있으나, 잠시라도 자연을 벗하며 차를 달이고 시를 짓는 품격 있는 생활에 대한 문인들의 열망은 끊임없이 이어졌다.

사회경제적인 부와 사대부 문화의 발달로 송대에는 원림문화가 본격적으로 확산된다. 송대 문인들은 벗의 원림을 방문한 뒤 벗의 원림을 찬양하는 글을 남겼다. 이 원림기를 보면 원림을 어떻게 만들고, 어떻게 즐겼는지 알 수 있다. 소동파는 자연미와 인공미가 어우러진 원림의 모습을, 범순인(范純仁)은 유유자적 원림 생활을 즐기는 문인들의 탈속적인 면모를 세밀하게 그렸다.

> 장씨의 원림은 변수(汴水, 개봉을 지나는 강) 양지쪽에 있는데, 그 밖은 길게 자란 나무가 울창하고, 연못을 만들고, 산에서 가져온 괴석으로 바위언덕을 만들었다. 부들, 연꽃에는 강호의 뜻이 담겨 있고, 오동나무·전나무·측백나무에는 숲의 기운이 있으며, 기이한 꽃과 아름다운 풀에는 낙양의 자태가 있고, 화려한 누각과 큰 집에는 오나라 촉나라 때의 정교함이 있었다.
>
> 소동파, 「영벽장씨원정기靈壁張氏園亭記」

우물을 파서 수레를 굴려 좋은 샘물을 긷는다. 때로는 오이와 자두를 띄웠다 가라앉혔다 하면서 얼음과 눈에 담근 듯 시원하게 하고, 때로는 차를 달이고 채소를 삶아서 단술을 마신다. (중략) 때로는 날이 개어서 맑으면 정자 문을 열어 끝까지 바라보고, 때로는 떨어지는 꽃이 가득한 길을 지팡이를 짚고 시를 읊으며 걷고, 때로는 탁자와 의자를 내어놓고 손님을 붙잡아두고서 술동이를 놓고 함께 취하고, 때로는 홀로 향을 피우고 장서각을 열어 책과 그림을 감상한다. 본성에 따라 소요하니, 세월이 바뀐 것과 나이 먹어가는 것을 알지 못한다. 이리로 놀러 가는 것이 즐겁고, 거처하는 것이 편안하다.

범순인, 「설씨안장원정기薛氏安莊園亭記」

　　송대의 원림문화는 명대로 이어진다. 특히 문화와 예술의 중심지였던 강남 지역의 문인 사이에서 원림 가꾸기가 유행했다. 소주는 16세기 강남 경제의 중심지로 부유한 도시였기 때문에 심미적 조형성을 갖춘 원림이 수없이 많았다. 대표적인 곳이 현재까지 차이니스 가든의 대표적인 명소로 남아 있는 졸정원(拙政園)이다.

　　청대에 이르면 소주의 이름난 개인 원림이 160개나 되었다고 한다. 이 차이니스 가든에는 정자와 연못, 태호석(太湖石)으로 불리는 괴석과 기화묘초를 배치했다. 명말청초 문인들 사이에서 자연의 형태를 품은 수석을 수집하는 것이 유행해 원림을 가꿀 땐 태호석을 배치하는 것이 필수였다. 당시의 대표적인 화가 동기창(董其昌)을 비롯한 강남의 화가들은 바위를 중심으로 산수화를 구성했으며, 괴석을 그림의 주제로 삼았다.

    원림 가꾸기의 기본 정서는 자연을 끌어들여 응축시키는 것에 있었다. 실내에서는 화분을 이용해 자연을 축소해 옮겨 놓은 분경(盆景, 분재)을 가꾸었는데, 분경에도 돌을 사용했다.

차가 있는 우아한 모임, 아회

    원림은 품격 있는 문인이 유유자적한 생활을 하며 때로는 벗들을 불러 예술을 향유하며 차를 마시는 이상적인 차문화 공간이었다. 이런 원림에서 이루어지는 문인들의 고상한 모임을 아회(雅會), 아집(雅集) 혹은 문회(文會)라고 했다. 아름다운 자연환경 속에서 예술을 향유하며 차를 마시는 우아한 모임인 아회는 아주 오랜 연원을 가지고 있다. 아회는 중국 동진시대 문인이며 서예가로 유명한 왕희지(王羲之)의 난정수계(蘭亭修禊)에서 유래했다. 353년 삼월 삼짓날 현재의 소흥(紹興)에 있는 왕희지의 별장 산음서(山陰墅) 난정에 42명의 문인이 모인 것을 기념한 난정수계는 문인들의 풍류 넘치는 모임을 가리키는 대명사가 된다.

    왕희지의 산음 별장은 후대 문인들에게 이상향이 된다. 많은 화가가 이곳의 상상화를 그렸는데, 조선 문인들도 마찬가지였다. 18세기 조선의 문인화가 한용간(韓用幹)은 왕희지가 친구들을 불러 차를 마시며 한가한 때를 보내는 것을 그림으로 남겼다. 녹음

한용간, 〈산음서山陰墅〉, 조선, 간송미술관 소장

이 깊은 심산 별서에 반가운 손님이 찾아온 듯 가지런히 정리된 초당에서 왕희지와 손님이 바둑을 두고 있고, 다른 두 손님이 막 당도하고 있다. 마당에서는 차를 준비하는 동자의 부채질이 분주하다.

한용간의 〈산음서〉처럼 문인들의 아회를 그린 그림에는 차를 달이는 모습이 많이 등장한다. 당대 문인들의 모임 장면을 그린 〈당인문회도唐人文會圖〉에는 여러 인물이 차를 준비하는 장면이 보인다.

한 인물이 끓여낸 차를 국자로 퍼서 굽이 높은 검은 잔 받침에

작자 미상, 〈당인문회도〉 부분, 당, 대만 국립고궁박물원 소장(←)
구영, 〈서원아집도〉, 명, 대만 국립고궁박물원 소장(→)

놓인 찻사발에 담는 중이다. 음식이 차려져 있는 커다란 상 위에는 찻사발이 있으며, 한 여인이 차를 옮기고 있다. 이미 당대부터 문인들이 야외에서 차연(茶宴)을 열었으며, 이를 위해 차를 끓여내는 별도의 시스템을 갖추고 있었음을 알 수 있다.

역사상 가장 유명하며 후대에 가장 큰 영향을 준 품격 있는 모임은 북송의 서원아집(西園雅集)이다. 서원은 부마 신분으로 최상위층 문인이었던 왕선(王詵)의 원림으로 북송의 수도 개봉에 있었다. 이곳에서 당송팔대가(唐宋八大家)의 대표주자라고 할 수 있는 소동파 형제와 황정견(黃庭堅), 이공린(李公麟), 미불(米芾) 등 쟁쟁한 문인 16인이 아회를 가졌는데, 이 장면을 가공하여 그린 이공린의 그림이 〈서원아집도西園雅集圖〉이다. 안타깝게도 그림은 전하지 않지만, 미불의 찬문이 남아 있다. 이 〈서원아집도〉는 이후 원림에서 이루어진 문인 아회의 표본이 되어 후대에 끊임없이 모방되었다.

절제되고 고상한 사대부 문화, 완전히 달라진 화풍, 한 단계 뛰어넘은 사상과 철학이 모두 11~12세기 송대를 기점으로 한다. 후대 문인들은 모두 송대 문인들의 취향을 꿈꾸었다. 명청대 문인들뿐 아니라 조선의 문인과 예술가들 역시 이들의 고상한 사상과 삶을 염원했다.

조선 문인의 아회

조선 중기 문인 허균(許筠)은 자택을 보수해 정원을 꾸미고 벗들과 함께 차를 즐기고 싶은 마음을 이렇게 썼다.

> 옛 초가집을 보수하여 도랑을 터서 샘물을 끌어들이고, 빙 둘러 꽃과 나무를 심어 놓고 날마다 그 사이에서 시가를 읊조리며, 친구와 만나 차를 달여 마시고 바둑을 두며 잔술이 방안에 가득 실려 있으니 그 즐거움은 자못 속세에 있을 바가 아니다.

> 꽃 찾고 달 묻는 데 두셋이 동반하고, 차 달이고 향 피우는 데 거동이 단아하며, 모임에는 약속이 필요 없고 의식에는 겉치레가 필요 없으며, 시에는 기교가 필요 없고 바둑에는 승부가 필요 없으니……티끌 세상의 선경이요, 불가의 정토라네.
>
> 『한정록閒情錄』

조선 문인들은 중국처럼 일상적으로 차를 마시지는 않았지만, 차 마시는 것을 고상하다고 인식했다. 따라서 육우의 『다경』이 선비의 교양서였으며, 허균처럼 관직을 떠나 산림으로 물러나 차를 달이며 유유자적하는 은자의 삶을 꿈꾸었다.

조선 문인들에게 북송 문인들의 서원아집은 품격 있는 모임의 표준이었다. 그 영향으로 김홍도(金弘道)의 〈서원아집도〉가 탄생한다. 또 산수 좋은 곳에 집을 짓고 원림을 가꾸는 것에 대해 책을 내기도 했다. 실학자 서유구(徐有榘)는 『임원경제지林園經濟志』에 은거를 꿈꾸는 선비가 자연을 벗하며 멋스럽고 품격 있는 생활을 하는 데 필요한 정원 가꾸기, 연못 꾸미기, 은자의 문화공간인 장서각과 누각, 차를 달이는 다료(茶寮), 약을 다루는 약실 등을 어떻게 꾸며야 하는지 가구와 꽃병, 향로, 책상 등은 어떻게 배치하는지에 대해 중국의 고서들을 인용해 광범위하게 적었다.

선비의 서재 옆에는 언제든 차를 마실 수 있게 다료라는 차를 달이는 부엌을 따로 두는 것을 권했는데, 그 내용은 다음과 같다.

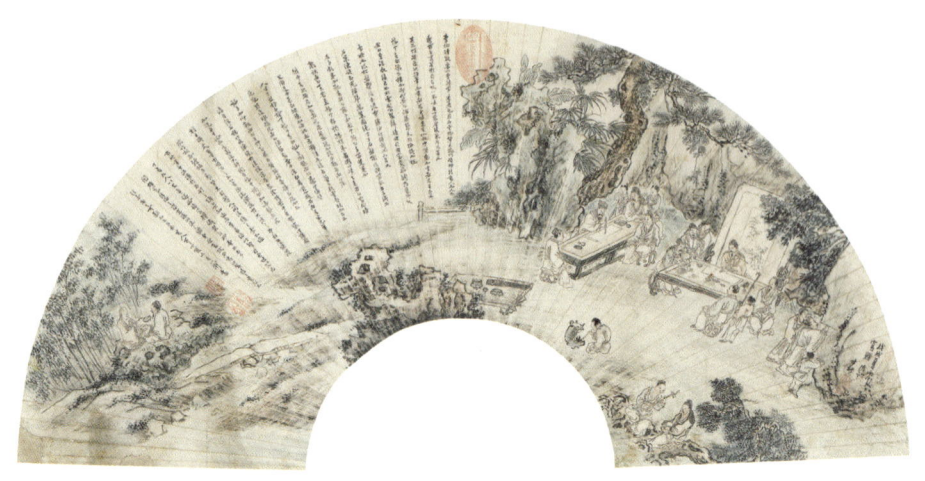

김홍도, 〈서원아집도〉, 조선, 국립중앙박물관 소장

서재 옆에 곁채 한 칸을 마련한다. 다료 안에는 차를 우리기 위한 차 부뚜막인 다조(茶竈) 하나, 찻잔 여섯 개, 찻주전자 두 개─그중 하나는 끓는 물을 붓는 데 사용한다─차 절구 하나, 먼지를 털고 닦는 데 쓰는 포(布) 각각 하나, 숯을 넣어 두는 상자 하나, 불쏘시개 한 개, 부지깽이 한 개, 불부채 한 개, 부젓가락 한 개(이것으로 단차를 굽는다), 다반(茶盤) 한 개, 다탁(茶卓) 두 개를 놓아둔다. 동자를 시켜 차 끓이는 일을 전담하도록 하여 긴 여름날 청담을 나눌 때와 추운 밤 외로이 있을 때 시중들게 한다.

18세기 조선 문인들은 실제로 원림을 가꾸고, 그곳에 모여서 시를 짓고 거문고를 타며 차를 마시는 아회를 가졌다. 당시 대표적인 원림은 이유수(李惟秀)의 동원(東園)이었다. 동원에서 열린 아회를 그린 것이 〈동원아집도東園雅集圖〉인데, 현재 전해지지 않으나 이를 본 남공철(南公轍)의 감상기가 남아 있다. 남공철은 향을 피우며 고서를 읽는 사람, 바둑을 두는 사람, 파초 숲 아래에 앉아 좌선을 하는 사람, 아이와 사슴을 희롱하는 사람, 돌 침상에 누운 사람, 시를 바치고 있는 사람 등 그림 속 인물이 누구인지 일일이 설명했다. 그리고 이 모임이 이루어지는 장소와 모임의 성격, 참석한 이들의 품격을 다음과 같이 적고 있다.

> 형부 상서 이유수 공은 영조 때 시대에 관한 논의 때문에 온 세상이 추앙하는 사람이었다. 동산 기슭에 집이 있었는데 사는 곳에 경치가 좋은 동산과 못, 정자와 관사가 있었으며 골동품과 향기로운 차를 품평하고 완상했다. 초탈하게 벼슬을 벗어나 세속을 떠나려는 생각이 있으셨으며 함께 노니는 사람들도 모두 고상하고 이름난 부류였다. 이 모임을 살펴보면 그 시대를 알 만하다.

이렇듯 아회를 그린 그림은 가상의 고사들을 그린 산수화나 풍속화와 달리 실재하는 장소와 실재했던 인물 그리고 그곳에서 이루어졌던 놀이를 그대로 기록한 것이다. 따라서 후대 사람들이 이를 보고 그대로 따라하는 것이 오랫동안 이어졌다.

오늘날 차를 사랑하는 사람들의 격식을 차린 다회는 대부분 운치 있는 공간에서 다도 시연과 예술 작품 감상이나 공연으로 구성된다. 차를 마시는 모임이지만 품격 있는 놀이를 추구하고픈 사람들의 열망이 반영된 것이다. 이러한 다회의 예술적 구성은 동양의 오랜 전통을 기반으로 한 것이다. 오늘날의 다회야말로 옛사람들의 풍류를 고스란히 담아낸 이 시대의 진정한 '아회'라고 볼 수 있다.

타인의 눈으로 본 고려의 차

900년 전 어느 날, 고려로 들어오는 대규모 선단이 있었다. 장장 3개월 동안 멀고도 험한 바닷길을 헤쳐 온 북송의 사절단이다. 사절단에는 특별한 사신이 있었는데, 휘종의 명을 받아 이번 사절단 파견과 관련해 촘촘한 기획을 맡은 서긍(徐兢)이다. 1123년, 한 달간 고려에 머문 서긍은 경험할 수 있는 고려의 모든 것을 면밀하게 살피고 샅샅이 채록했다. 그리고 본국으로 돌아가 28개의 주제, 301개의 항목, 총 40권으로 구성된 『선화봉사고려도경宣和奉使高麗圖經』으로 묶어 휘종에게 바쳤다. 흔히 『고려도경』이라 하는 이 보고서를 받은 휘종은 크게 기뻐하며 서긍에게 일종의 명예 신분인 동진사출신(同進士出身)이라는 직함을 내리고, 지대종정승사(知大宗正丞事)로 발탁했다.

『고려도경』은 상세한 그림까지 덧붙였으니 고려에 대한 일종의 3D 양식 일지나 다름없었다. 일지는 매우 상세해 고려의 다양한 생활 문화들에 대해서 기록했는데, 특히 고려의 차문화를 직접 경험하고 느낀 점을 소상하게 적고 있다. 이방인이 느낀 고려의 차문화는 어떠했을까?

서긍 일행, 고려에 오다

고려로 향한 사절단은 정사와 부사, 사절단의 실무를 관장하는 도제할관(都提轄官), 그리고 뱃사람까지 총 1,000명이 넘는 대규모로 구성되었다. 신주(神舟)로 이름 지어진 거대한 관선(官船) 2척과 객주(客舟)로 불린 민간 선박 6척, 그리고 그 중심에는 서긍이 있었다. 당시 중국 북방 지역은 대부분 금나라 아래 있었으므로, 북송에서 파견한 사절단은 육로 대신 바닷길을 이용해야 했다. 당시 사절단이 이용한 항로는 고려와 남송의 상인들이 주로 이용한 바닷길이었다. 서긍이 5월 24일 명주(明州) 정해현(定海縣)을 떠나 창국현(昌國縣) 심가문(沈家門)에 도착한 것이 5월 25일. 이날 일행들은 산에 올라가 무사 항해를 염원하며 제사를 지냈다. 긴 여행 속에 어떤 풍파를 경험할지 예측할 수 없으므로 그들의 염원은 간절했을 것이다. 운항은 순조롭지 못했는지 평상시보다 두 배가량의 일정이 소모되었다. 비금도를 거쳐 임자도-고군산군도-마도-대부도-영종도-강화 석모도-예성항에 이르고 최종 목적지인 개경에 도착한다.

긴 항로를 통한 여정에서 풍랑을 만난다면 큰일이다. 거친 파도는 순식간에 배를 집어삼킬 수도 있다. 그러나 뱃사람들이 보다 더 중요하게 여기는 것은 식수였다. 장거리 항해에서 식수 유무는 생사를 결정한다. 서긍 일행에게도 이동하면서 물독 채우는 일이 최우선 사항이었다. 고려인들은 큰 배가 들어오면 독에 물을 싣고 다가가 외지인을 맞이했다. 그리고 물독을 차와 쌀로 교환했다. 고려인들이 물로 차를 바꿔온 것은 당시 중국차가 고려에서 고급품으로 유통되었기 때문이었을 것이다.

서긍은 고려를 탐방하며 차와 관련된 여러 장면을 기록했다. 일행이 관사에 묵는 동안 인종은 관원을 보내 종종 연회를 열어주었다. 5일에 한 번씩 연회가 열렸는데, 명절이나 절기를 맞으면 더욱 풍성하게 열렸다. 연회는 송에서 가지고 온 귀한 완상품(玩賞品), 골동품, 서첩, 명화, 보기 드문 향로, 진기한 차를 늘어놓고 완상하는 자리이기도 했다.

> 사신이 관사에 들어가면 왕은 관원을 보내 연회를 여는데, 그것을 불진회(拂塵會)라고 한다. 이때부터는 5일에 한 번씩 연회를 차리는데, 절서(節序)를 만나면 예(禮)가 조금 더해진다. 며칠 후에 정사·부사는 관반관(館伴官)을 묵고 있는 낙빈정(樂賓亭)으로 초청한다. 이때 요리사를 쓰는데, 과일·안주·그릇은 다 송의 조정에서 준 것들이다. 사방

의 좌석에는 귀한 노리개[寶玩]·고기(古器)·서첩[法書]·명화(名畵)·보기 드문 향료[異香]·진기한 차[奇茗]를 늘어놓는데, 뛰어나게 귀한 것들이 만 가지로 보이고 정교하고 이채로운 것이 눈길을 끄는데 고려 사람들이 모두 경탄해 마지않았다. 술자리가 끝날 즈음 취향에 따라 원하는 대로 갖고 싶어 하는 것을 주었다.

「연례燕禮, 관회館會」, 『선화봉사고려도경』 26권

인종이 주선한 연회에서는 차를 마시는 의례가 있었다. 궁궐 뜰 가운데에서 큰 솥에 차를 끓여 연잎 모양의 뚜껑을 덮은 잔에 차를 담아 천천히 걸어와서 내놓았는데, 찻잔을 돌리는 사람이 차를 다 돌렸다고 말할 때까지 기다린 후에야 마실 수 있었다. 의례 시간이 걸리다 보니 차가 식은 모양이었다. 서긍은 식은 차를 마시는 것에 불편한 기색을 표한다. 서긍 일행은 차의 온도에 민감했던 듯하다. 그러나 식은 차를 마시게 된 것은 의례 때문이지 고려인들에게 식은 차를 마시는 습관이 있던 것은 아니었다. 『고려도경』에 보면 고려인들은 차를 끓이기 위해 보온병 같은 탕호(湯壺)를 사용했다는 기록이 별도로 적혀 있다. 도자기 주전자를 뜨거운 물이 들어 있는 사발에 넣어서 세트로 사용하는 승반(承盤)이 그것이다.

탕호의 형태는 꽃병과 같으나 약간 납작하다. 위에는 뚜껑이, 아래에는 받침이 있어 '따뜻한' 기운이 새어 나가지 않게 했는데, 역시 옛 보온기[溫器]의 일종이다. 고려 사람들은 차를 끓이기 위해 이 병을

고려청자 주자(注子)와 승반(承盤), 고려, 국립중앙박물관 소장

온완(溫碗), 송, 대만 국립고궁박물원 소장

용봉단차 문양, 웅번, 『선화북원공다록』

많이 마련했다. 전체 높이는 1자 8치이고, 배의 지름은 1자이며, 용량은 2말이다.

「기명2器皿二, 탕호湯壺」, 『선화봉사고려도경』 31권

서긍은 고려의 토산차(土産茶)를 마시고는 쓰고 떫다고 표현한다. 아마 부드럽고 순한 송의 차에 익숙해서 그랬을 것이다. 당시 송에서는 차나무의 어린잎을 수증기로 찌고 절구에 빻아서 차즙을 짜냈다. 차 성분을 모조리 빼내다시피 해서 순하다 못해 싱겁게 만들었다. 그리고 봉황과 용이 새겨진 틀에 넣고 찍어냈다. 그런 차를 마시던 사람들에겐 고려의 차가 강하게 느껴졌을 것이다.

한편 고려의 차문화는 대개 중국 차문화를 모방했다며 상당히 중화 중심적인 태도를 보인다. 고려에서 생산되는 토산차는 쓰고 떫어 입에 넣을 수 없고, 오직 중국의 납차(蠟茶)와 용봉사단(龍鳳賜團)을 귀하게 여긴다고 했다. 납차는 중국의 일반적인 단차로 표면에 밀랍을 발랐기 때문에 납차라고 불렀고, 용봉사단은 중국 황제가 고려에 하사한 용봉단차를 말한다. 『고려사』, 『고려사절요』에는 중국으로부터 받은 하사품에 많이 들어 있던 용봉단차를 신하에게 나눠주는 기록이 자주 등장한다.

서긍은 고려인들이 차도구를 매우 잘 만든다고 적고 있다. 예로 든 것은 금으로 꽃무늬를 새긴 검은색 찻잔[金花烏盞], 비색의 작은 찻잔[翡色小甌], 은으로 만든 세 발 화로[銀爐湯鼎]로 중국의 것과 닮았다고 했다. 즉, 고려인은 꽃문양을 넣은 흑유 찻잔과 비췻빛 청자 찻잔을 사용하고 있었다. 서긍이 고려에 왔었던 12세기는 고려의 순청자가 절정의 기술을 보이는 시기이다. 천하제일 고

흑유 다완(금화오잔), 송, 개인 소장(←)
순청자 다완, 고려, 고려청자박물관 소장(→)

려비색이라는 명성을 얻은 시기의 청자 찻잔은 도자기의 나라에서 온 사신의 눈에도 특별했을 것이다.

또 차를 매일 세 차례 마시는데, 뒤이어 탕(湯)을 낸다고 했다. 송에서 온 사절단을 위해 매일 세 차례 차를 내온 것은 당시 고려인들도 차를 마시는 것이 일상적이었기 때문이다. 고려인들은 탕을 약(藥)이라고 하는데, 사신들이 다 마시는 것을 보면 반드시 기뻐하고 혹시라도 다 마시지 못하면 자기를 깔본다고 생각해 원망하며 가버려서 항상 억지로 다 마셨다고 했다. 이 탕이 어떠한 것인지 자세하지 않으나 약이라고 했으며 억지로 다 마셨다고 한 것으로 보아 그냥 물은 아니었을 것으로 보인다. 아마도 인삼 등을 사용한 건강음료가 아니었을까? 물론 깔보고 원망한다는 것은 다분히 서긍의 주관적인 생각일 것이다. 양국의 식문화가 다른 데서 유래한 오해가 아니었을까 싶다.

고려의 모든 것을 매의 눈으로 탐색하던 서긍은 차도구 진열도 놓치지 않았다. 숙소 안에 붉은 소반을 놓고 그 위에 차도구를 두루 진열한 다음 붉은 보자기[紅紗巾]로 덮어 놓았다고 했다. 현재 한국 행다례에서 차도구를 덮는 찻상보는 주로 붉은색을 사용하는데, 그 연원이 아주 오래된 것이라는 것을 알 수 있다.

서긍이 고려에 머물며 가장 여유롭고 즐겁게 보낸 한때는 사신이 묵는 관사에서 100보쯤 떨어진 산중턱에 있는 정자 향림정(香林亭)에서 바둑을 두고 차를 마시며 보낸 시간이었다. 향림정 주변에는 누운 소나무, 괴석, 여라(女蘿, 소나무에 기생하는 이끼), 칡덩

굴 등이 서로 얽혀 있으며 선선하여 더위를 느끼지 못하는 곳이라고 적고 있다. 아마도 경치 좋은 피서지로 사용되었던 곳일 것이다.

12세기 고려의 차문화를 담아낸
『고려도경』

서긍이 휘종의 선택을 받을 수 있었던 까닭은 그가 문필뿐만 아니라 그림에도 능한 인물이라는 데 있다. 서긍은 인물화와 산수화로 당대 최고였으니 『고려도경』은 보고서 이상의 예술작품으로서의 가치를 지녔을 것이다. 그러나 『고려도경』 원본은 1126년 정강의 난으로 금나라 군대에게 북송의 수도가 습격당하면서 자취를 감췄다. 그나마 서긍이 보관하고 있던 부본은 정강의 난 직전에 마을 사람에게 빌려 주고 되돌려 받지 못한 채로 난리를 당해 그 소재를 알 수 없게 되었다고 한다. 그 후 10년째 되던 해에 홍주(현 강서성 남창현)에서 부본이 발견되었으나, 그림과 글씨가 완전한 것은 〈바닷길〉 부분의 단 두 권뿐이었다고 한다. 그럼에도 고려 전기에 대하여 알 수 있는 자료가 많지 않은 상황에서 12세기경 고려의 모습을 자세히 설명한 『고려도경』의 가치는 매우 높다.

찻사발의 시대 1:
흙으로 빚은 옥 청자

〈궁락도宮樂圖〉를 보면 당나라 때 궁정 여인들의 생활을 엿볼 수 있다. 헤아리기도 힘들 정도로 많은 여인이 한 남자를 두고 삶을 꾸려가야 했던 궁중 생활에서 그녀들만의 커뮤니티는 매우 중요했을 것이다. 특별한 화장법, 화려한 의상, 이국에서 온 향료, 황제의 눈에 들기 위해 연마한 음악과 무용 등이 주된 관심사였던 그녀들의 커뮤니티에는 차와 술도 빼놓을 수 없었다.

그 당시에는 차를 가루 내서 끓여 마시던 시대였으므로 어디선가 끓여온 차를 큰 그릇에 담아 탁자 중앙에 놓았다. 서역에서 온 악기로 연주하는 음악을 들으며, 한 여인이 긴 손잡이가 달린 도구로 차를 떠서 자신의 찻사발에 담으려 하고 있다. 또 한 여인은 찻사발을 들고 막 차를 마시는 중이다. 이 도자기 찻사발은 사

작자미상, 〈궁락도〉, 당, 대만 국립고궁박물원 소장

람들이 처음 차를 마셨을 때부터 14세기 후반 명나라가 들어설 때까지 차도구의 주인공이었다.

당말 오대, 도자기 찻사발을 만들다

인류가 정착 생활을 하고 문명을 만든 곳에서는 대부분 도기

(陶器, pottery)를 만들었다. 그러나 1,300도 이상의 온도를 낼 수 있는 기술 수준이 있어야 만들어낼 수 있는 자기(磁器, porcelain)는 달랐다. 자기는 고온에서 굽고 독특한 재료와 유약 처리 등 복잡한 단계를 거쳐야 하므로 과학적 지식과 기술력의 상징이다. 자기는 고대 중국의 발명품으로 중국문명의 선진성을 대표한다.

차를 마시는 습관이 널리 퍼진 당말 오대, 찻사발의 수요가 늘어나자 본격적인 도자기의 시대가 열렸다. 찻사발은 처음에는 금은으로 만든 것이기도 하고, 실크로드 건너편에서 온 유리잔이기도 했지만 곧 도자기로 만든 것이 주를 이루었다. 육우가 그러했듯이, 사람들은 이미 어느 지역의 찻사발이 차의 탕색을 아름답게 보이게 하는지, 어느 지역의 그릇이 찻사발로 쓰기에 좋지 않은지 까다로운 선별을 시작했다.

당대에 이르러 절강, 안휘, 호남(湖南), 사천 지역 각지에 도자기를 굽는 가마가 생긴다. 그중 절강성 월주요 청자가 최고였다. 절강성 북쪽 항주와 소흥 주변은 비옥한 농경지였으므로 일찍부터 도시가 발전했다. 도시경제의 부흥은 명차와 그에 걸맞은 좋은 도자기 찻사발 수요를 일으켜 자연스럽게 월주요에서 우수한 청자가 생산된다. 북방에서는 백자를 만들었다. 가장 유명한 것이 형주요 백자였다. 당대 도자기의 특성을 말할 때 쓰는 '남청북백(南靑北白)'은 여기서 기인한다.

월주요 청자의 발전에 가속도가 붙게 된 배경에는 당 현종 개원 2년(714)에 내려진 '금은기 사용 금지령'이 있다. 현종은 귀족

월주요 청자 다완, 당(←) / 형주요 백유 다완, 당(→)

들의 화려한 금은기 사용을 금지했고, 사치품을 모아 황궁 앞에서 직접 불태우며 백성들에게 모범을 보였다. 금은기를 사용할 수 없게 된 궁정과 귀족들은 당시 가장 세련된 그릇인 월주요 청자로 눈을 돌린다. 귀족들은 월주요에 금은기와 같은 섬세하고 우아한 모양의 차도구를 만들어 낼 것을 요구했기 때문에 금은기의 모양을 모방하여 만들던 그릇들은 점차 도자기만의 특성을 드러내는 것으로 변모한다. 궁정과 귀족들의 사치를 막고자 했던 금은기 사용 금지령이 도자기 산업의 발전을 이끈 셈이다.

10세기 월주요 진상목록(『송회요집고宋會要輯稿』, 「번이蕃夷 7 역대조공歷代朝貢」)에는 비색자기와 금테를 두른 금구(金釦) 청자 사발이 거의 매년 빠짐없이 등장한다. 지금도 명품 도자기 브랜드의 커피 잔이나 홍차 잔에는 금테를 두른 것이 많은데, 도자기 모양이 원래 금은기를 흉내 내면서 시작된 것과 연관 지을 수 있다. 한편, 형주백자는 비록 월주요 청자에게 최고품 타이틀을 내주었지만 은(銀)과 눈[雪]에 비유될 만큼 하얀색 그릇에 대한 선호 역시 높았다.

흙으로 만든 옥잔, 청자 다완

흙을 빚어 옥을 만들고픈 인간의 욕망은 청자로 실현된다. 벽옥같이 푸른 청자 다완은 사회경제적인 풍요를 누렸던 송대를 상징하는 대표적인 물건이다. 바다 건너 고려도 마찬가지여서 저 빛나는 고려청자 다완이 탄생한다.

송대 도자기는 도자기를 만드는 고령토 채취에서 분류, 모양 만들기, 유약 처리, 굽기에 이르는 제조 과정에 각각 전문 직공에 의한 분업 시스템이 만들어지면서 거대한 산업이 된다. 가정에서도 석탄을 이용하게 된 화력혁명으로 요리가 발달하면서 더 많은 자기를 요구했다. 이 시기 절강의 월주요, 용천요(龍泉窯) 청자 외에도 북송 5대 명요 관(官)·가(哥)·여(汝)·정(定)·균(鈞) 그리고 복건의 건요, 강서 길주요, 북방의 자주요(磁州窯)에서 개성이 분명한 명품 도자기를 생산했다.

최초의 관요(官窯)는 예술가이자 차를 사랑한 북송 말 풍류황제 휘종이 설치했다. 휘종은 『대관다론』을 지을 정도로 자신의 관심 분야에 깊이 천착했던 인물이다. 따라서 최고의 차와 최고의 찻잔을 원했다. 휘종은 도공들에게 이상적인 색인 '우과천청雨過天靑(비 온 후의 푸른 하늘빛)'을 요구했는데, 이를 실현한 것이 여요 청자이다. 전 세계 청자 중 가장 희귀하고 아름다운 청자로 평가받는 여요 청자는 휘종의 애호로 더더욱 발전했다. 지금도 여요 청자를 재현한 중국 찻잔은 차를 사랑하는 중국인들이 가장 갖고

균요 다완, 북송, 개인 소장

여요 청자 접시(汝窯青瓷水仙盆), 북송, 대만 국립고궁박물원 소장

싶어 하는 차도구이다.

송대 점다에는 뜨거운 물을 따르는 탕병이 필요했다. 차를 마시는 데 쓰는 찻사발인 청자 다완, 흑유 다완뿐만 아니라 뜨거운 물을 붓는 데 필요한 탕병도 도자기로 만들었다. 탕병은 키가 크고, 목이 길며, 물이 나오는 수구를 가늘고 길게 만들어 물을 조금씩 따르기 편리하게 만든 물주전자를 말한다. 월주요, 용천요, 경덕진요(景德鎭窯) 등에서 생산한 청자 탕병이 많이 전해진다. 남송 화가 유송년의 〈투다도〉에 그려진 탕병의 형상을 보면 윗부분이 나팔형이고 어깨 부분에 물줄기가 흘러나오는 긴 귀때 수구가 붙어 있다. 커피를 내릴 때 쓰는 수구가 가느다란 금속 주전자가 송대의 탕병과 크게 다르지 않다.

경덕진요 청백자집호, 원, 개인 소장

용천요 청자와 고려청자

남송은 북방의 이민족에게 밀려 남하한, 군사적으로는 약한 국가였지만 여전히 세계에서 가장 부유하고 문화적으로 가장 세련된 국가였다. 북송대의 5대 명요는 지리적인 요건상 쇠퇴했지만, 발달한 청자 기술은 남송 용천요에서 화려하게 완성된다. 기술적으로 정점의 청자를 만들었을 뿐 아니라 대량생산 체계는 더욱 발전했다. 용천요에는 길이가 80~90미터에 이르는 대형 가마가 산재해 있었으며, 이 가마에서 한 번 불을 피우면 적게는 15,000개 많으면 40,000여 개에 이르는 청자를 구울 수 있었다. 지금까지 용천 일대에서 발굴된 가마터는 126곳에 이르는데 당시 1년에 1천만 개 이상의 자기를 생산했다.

용천요에서 대량 생산된 청자들은 국내 수요뿐 아니라 해외 수요도 만족시켰다. 200톤급의 대형 선박에 가득 실린 청자는 남송대의 국제무역항인 천주항을 떠나 동남아, 인도, 아랍 그리고 일본으로 수출되었다. 아랍으로 간 용천 청자는 다시 아랍 상인들의 배에 실려 아프리카 동부 해안까지 팔려갔다. 남송을 이은 몽골족

용천요 청자 잔(青瓷撇口盞), 원, 대만 국립고궁박물원 소장(←)
용천요 청자 탕병, 개인 소장(→)

165

원나라는 용천요 청자를 그대로 이어받는다.

송·원대의 차를 마시는 방식인 점다법은 주변국으로 퍼져서 고려와 일본에서도 찻사발의 수요가 증가했는데, 특히 자체적으로 자기를 만들지 못했던 일본은 중국 청자 찻사발에 전적으로 의존할 수밖에 없었다. 1323년이라는 연도가 적힌 목간(木簡) 8점이 발굴되어 시기를 가늠할 수 있는 신안 해저 유물을 통해 당시 어마어마한 양의 도자기가 일본으로 수출되었음을 알 수 있다. 중국 경원(慶元)을 출발해 일본으로 향하던 신안 해저선에는 중국 도자기 20,661점이 실려 있었는데 약 60퍼센트인 12,359점이 용천요 청자다.

9세기 전반 장보고의 해상 활동으로 고려에도 중국 청자가 수입되고 청자를 만드는 기술이 유입되었다. 서남해 연안에 월주요, 용천요 청자의 영향을 받은 가마가 생겼고, 대표적인 곳이 바로 강진이다(현재 전라남도 강진과 절강성 용천은 자매도시를 맺고 적극적으로 교류하고 있다). 월주요와 용천요 청자의 영향으로 시작되었으나 더 얇고 더 세련된 모양과 색을 내는 햇무리굽[日暈文] 고려청자 다완은 이렇게 만들어졌다.

강진과 부안은 개경과 해로로 연결되어 궁중이나 귀족들이 사용할 도자기를 공급하는 관요 역할을 했다. 12세기 무렵부터 이곳에서는 고려적인 요소가 담긴 독자적인 양식의 청자를 생산한다. 이 고려청자를 두고, 북송 말기 사절단의 일원으로 고려에 왔던 서긍은 "근년 이래 제작이 공교(工巧)하며 색택(色澤)이 더욱 아름답다"라고 했으며(『고려도경』), 비슷한 시기 태평노인(太平老人)은 "고려청자의 비색이 천하제일"이라고 했다(『수중금袖中錦』). 전성기 고려청자는 빙렬이 거의 없이 매끈하며, 투명하고 맑은 비췻빛은 천하제일 고려비색이라 불릴 만한 수준 높은 청자였다. 이후 도자기 표면에 홈을 파서 문양을 만든 후 검은색, 붉은색, 흰색 등의 흙을 채워 넣은 섬세하고 화려한 상감청자가 등장했다.

　　13세기 후반 고려는 원의 정치적인 영향력 아래 놓인다. 왕이 원나라 황실 출신을 왕비로 맞이하면서 고려 왕실과 상류층에는 자연스럽게 원의 문화가 들어왔다. 도자기도 예외는 아니어서 고려청자에 원나라적인 장식 기법이 나타나게 된다. 이렇게 만들어진 고려청자는 국내뿐 아니라 고려 상인들이 많이 거주하던 중국의 무역도시 경원, 천주 등지에서도 유통되었다. 바다 밖으로 진출한 고려 상인들은 고려인 거리인 고려항(高麗港)에서 고려청자

순청자 햇무리굽 청자 다완, 고려, 고려청자박물관 소장(←)
청자 상감 국화 넝쿨무늬 다완, 고려, 국립중앙박물관 소장(→)

와 인삼으로 대표되는 고려특산품을 팔았다. 1342년에 편찬된 중국의 『지정사명속지至正四明續志』에는 고려청자가 고급무역품으로 기록되어 있다. 고려청자가 그곳에서 다시 신안선을 타고 일본으로 건너가기도 했다.

송·원과 시대를 나란히 했던 고려는 한반도 차의 역사에서 가장 활력이 넘치는 시대였다. 차를 마시는 문화가 널리 퍼지고, 차를 매매하는 가게와 차를 끓여 파는 찻집이 있었으며, 문인들과 승려들은 차 한잔의 운치를 노래한 시를 남겼다. 그리고 최고의 아름다움을 자랑하던 청자 찻잔을 사용한 낭만의 시대였다.

찻사발의 시대 2: 세계인의 몽상, 청화백자

사람들이 사용하는 모든 물건은 유행의 흐름을 타고 변화한다. 각자의 취향이라는 것이 존재하지만, 유행이라는 흐름에서 크게 벗어나지 않는다. 그래서 어떤 기업이든 새해의 트렌드를 읽으려고 노력하며, 대중의 선호가 모아지는 지점에서 새로운 스타일이 탄생한다. 새로운 스타일은 길든 짧든 유행이라는 파도를 타고 다른 스타일에게 자리를 넘겨주는 운명을 맞이한다. 찻사발도 다르지 않다. 기능적인 이유, 기술적인 이유, 대중의 취향 변화에 따라 시대별로 지역별로 유행하는 찻사발이 만들어지고 쓰이다가 사라지곤 했다. 그런데 수백 년간 변함없이 사람들의 선택을 받는 스타일, 가는 곳마다 사랑받을 수밖에 없는 보편적인 미감의 찻사발이 있다. 코발트블루 문양이 들어간 하얀 그릇, 청화백자이다.

아랍이 가져다준 최고의 선물

도자기에 매혹된 사람들이 찾는 경덕진(景德鎭)은 눈부시게 하얗고 푸른 청화백자의 고향이다. 도시 전체가 청화백자로 이루어져 있다고 해도 과언이 아닐 정도로 눈길과 손길, 발길 닿는 곳마다 어김없이 청화백자 혹은 청화백자 파편이라도 박혀 있다.

경덕진은 예로부터 도자산업이 자리 잡기 좋은 곳이었다. 양자강 중심부에 위치해 물길을 타고 도자기를 운송할 수 있고, 주변의 울창한 산림은 도자기를 구울 때 사용할 소나무를 제공했으며, 인근 산에서는 도자기의 재료가 되는 양질의 고령토와 백돈자(白墩子)를 채취할 수 있었다. 조선시대 관요인 분원이 수운을 이용할 수 있는 한강을 따라 경기도 퇴촌 근처 분원리 일대에 만들어진 것과 같은 이유다.

경덕진이라는 지명은 북송 경덕 연간(1004~1007)에 진종(眞宗)에 의해 항주에 파견된 관리가 어용 도자기를 감독하면서 품질검사를 통과한 모든 도자기 하부에 '경덕년제(景德年製)'라는 글자를 새기게 된 것에서 유래한다. 황제의 연호가 아예 도시의 이름이 된 것이다.

초창기 경덕진 자기는 중국인들이 사랑하는 색인 옥(玉)을 모방해 만든 청백자가 인기였다. 하지만 백색을 숭상했던 몽골족이 세운 원나라 궁정에서 백자를 선호하면서 청자의 시대는 서서히 막을 내린다. 원나라는 우수한 청백자를 만들어 내던 경덕진의 옛 이름인 '부량(浮梁)'을 딴 '부량자국(浮梁磁局)'이라는 도자기 관리 기구를 설치하고 백자를 제작한다. 그러다가 14세기 이르러 아랍에서 코발트 안료가 들어오면서 청화백자의 시대가 열렸다.

'회회청(回回靑)'이라고 불린 코발트 안료의 원산지는 이란의 고원지대 카샨이다. 실크로드를 지나는 상인들의 낙타짐에 실려 경덕진으로 들어온 코발트 안료는 경덕진의 고령토로 만든 눈처럼 흰 백자와 만나 문양과 그림으로 되살아난다. 아름다운 비단에 수를 놓아 그림을 그리듯, 순백의 자기에 파란색 문양을 넣기 시작한 것이다.

청화백자는 백자에 유약을 바르기 전에 코발트 안료로 문양을 그린 후 유약을 발라 구워서 흰 바탕에 아름다운 청색 문양이 떠오르게 한 것이다. 코발트 안료는 고온에서도 색이 사라지지 않으며 1,300도 이상의 온도에서 구워야 선명한 푸른색이 나온다. 코발트 안료가 들어오기 전에는 도자기에 그림을 그려서 구울 수 없었다. 코발트 안료가 들어옴으로써 종이나 비단뿐만 아니라 반짝이는 도자기에도 그림을 그릴 수 있게 되었다. 도자기가 회화와 만나 새로운 미술세계로 진입한 것이다. 청화백자야말로 아랍이 가져다준 최고의 선물이었다.

원나라는 세계 어느 곳을 가든 모두를 매혹시킨 경덕진의 청화백자를 아시아와 인도, 아랍 지역으로 수출한다. 청화백자는 코발트 안료의 생산지인 아랍에서 먼저 만들었지만 경덕진의 기술에 미치지 못했으며, 고품질 백자를 만들기에 적합한 흙을 구할

페르시아 문자 당초문완(青花波斯文花卉紋淺碗), 명 영락,
대만 국립고궁박물원 소장

수 없다는 한계가 있었다. 또한 원나라가 아랍권을 침범했을 때 아랍의 도요지가 파괴된 영향으로 원은 처음부터 청화백자 수출을 주요 수입원으로 생각하고 있었다. 그래서 경덕진 도공들은 아랍권 소비자가 원하는 이슬람 취향의 기하학적인 청화 문양이 들어간 거대한 크기의 수출용 청화백자를 만들었다. 대표적인 청화 문양으로는 아랍의 모스크 어디에나 장식되어 있는 당초문(唐草紋)이 있다. 당초문은 식물의 가지나 덩굴 모양을 양식화한 문양으로, 아랍에서 인도를 통해 중국으로 들어온 복합문명이 만들어낸 보편적인 문양이라고 할 수 있다.

이렇게 아랍인들은 청화백자의 안료 공급자이자 청화백자의 소비자였다. 당시 소비자로서의 아랍인들이 원한 청화백자는 장식용 대형 접시뿐만 아니라 커피잔도 있었다. 아직 유럽과 아시아에 커피가 전파되지 않았던 15세기 아랍에는 커피가 대유행이었다. 청화백자의 수요는 폭발적으로 늘었으며 아랍 상인들은 경덕진 청화백자를 쉴 새 없이 사들였다. 지금도 터키 톱카프 궁정 박물관에는 초기 청화백자가 많이 소장되어 있다.

교역과 융합의 꽃, 도자기

　중국 도자기는 이미 수·당대에 한반도와 일본, 베트남, 아랍 등으로 수출되었지만, 원대에 이르러 동서간의 문물 교류가 활발해지면서 더욱 본격화되었다. 이 시기에는 항해술의 발달에 힘입어 대량 수송이 가능한 해상 실크로드가 주로 이용되었다. 이 길을 통해 중국 도자기가 아랍으로 수출되었으므로 '도자기 길'이라고도 했다. 아랍 상인들은 더 이상 사막의 모래바람을 뚫고 기나긴 낙타 행렬을 이끄는 모험을 할 필요가 없었다. 사막으로 이어진 실크로드를 통과하는 아랍 상인들은 도자기를 진흙으로 싸서 말린 후 낙타에 싣고 가서 물에 넣어 푸는 번거로운 방식으로 운송했지만, 해상 실크로드를 이용한 상인들은 나무상자에 도자기와 볍씨를 채워 넣어 대량으로 실을 수 있었다. 볍씨는 이동 중 습기를 먹고 발아하면서 충격을 막아주는 훌륭한 포장재였다.
　도자기 길은 중국 남쪽 광주, 항주, 천주, 경원 등의 국제무역항에서 출발하여 서쪽으로 동남아, 스리랑카, 인도, 중동을 거쳐 유럽까지 이어진다. 그리고 동쪽으로는 고려와 일본으로 연장되었다. 이 길은 중세 동서양을 연결한 문화 교류의 교량이었다. 무역선을 타고 바다로 나가 물건을 바꾼 상인들에 의해 동양과 서양은 한결 가까워졌고, 교역 규모는 더욱 커졌다.

1271년에 중국으로 들어와 무려 17년간 중국을 경험한 베네치아의 마르코 폴로(Marco Polo)에게 중국 도자기는 놀라운 것이었다. 그는 『세계의 서술Divisament dou monde』(동방견문록)에서 다음과 같이 적고 있다.

> 천주라는 도시에서는 이루 말할 수 없이 아름다운 크고 작은 각종 자기(porcelain)가 만들어진다. 그것들은 전 세계로 실려 나간다. 물건이 엄청나게 거래되고 있다. 베니스의 1그로트면 가장 아름다운 자기 세 점을 살 수 있을 정도이다.

범어문 청화찻잔(青花瓷梵文杯), 명, 대만 국립고궁박물원 소장(←)
아라비아 문자 접시(描紅阿拉伯文波斯文盤), 명, 대만 국립고궁박물원 소장(→)

그리고 그는 아마도 중국 상인이나 도공에게 들었을 농담 같은 거짓 비밀도 기술한다. 이 기록 때문에 유럽은 오랫동안 중국 도자기의 진짜 비밀을 풀지 못했을지도 모른다.

<blockquote>이곳 사람들은 진흙과 부식토를 모아서 산처럼 쌓은 뒤 30~40년 동안 건드리지 않고 그대로 놔둔다. 그러면 오랫동안 쌓여 있던 흙이 변하고, 그것으로 자기를 만들면 청색이 나타나는데 이루 말할 수 없이 아름다운 반짝이는 그릇이 된다. 여러분은 그들이 흙을 모으는 것이 자신의 아들들을 위해서라는 것을 알아야 할 것이다.</blockquote>

마르코 폴로의 책은 유럽인들을 설레게 했다. 유럽인들은 이 책을 읽고 아시아에 대한 환상에 휩싸였다. 15세기까지 유럽은 고립된 세계였고, 스페인의 콜럼버스가 신대륙 아메리카를 발견하고서야 비로소 세계 무대로 나왔다.

원이 멸망하고 한족이 세운 명나라가 들어서면서 청자로, 청화백자로 만들었던 찻사발은 어느 날 갑자기 중국차 역사에서 사라진다. 사람들이 차를 마시는 방식이 바뀌었기 때문이다. 더 이상 덩어리차를 가루 내 넓은 찻사발에 넣고 거품 내서 마시는 번거로운 방식을 고수하지 않았다. 그렇게 할 수도 없었다. 사치품의 대명사가 된 덩어리차인 단차가 금지되었기 때문이다. 그러나 중국, 일본, 조선, 유럽 등 시기는 다르지만 도자기를 만드는 곳에서는 어김없이 청화백자를 만들었고 황실과 귀족들은 이 찻사발에 열광했다. 지난 수백 년간 세계인들은 블루와 화이트가 어우러진 상쾌하고 세련된 느낌에 매혹당했다. 앞으로도 청화백자가 뿜어내는 매력은 유행이라는 파도에 아랑곳하지 않고 사람들의 마음을 사로잡을 것이다.

실용의 시대.

차를 우려서 마시다

III

차 속에 향기를
숨기다

여름에 연꽃이 처음 필 때에는, 꽃들이 저녁이면 오므라들고 아침이면 피어난다. 운이는 작은 비단 주머니에 찻잎을 조금 싸서 저녁에 꽃 속[花心]에 놓아두었다가 다음날 아침에 이것을 꺼내어 천천수(天泉水, 빗물)에 끓여 차를 만들었다. 그 차의 향기는 유난히 좋았다.

심복(沈復), 『부생육기浮生六記』

임어당(林語堂)은 『생활의 발견生活的藝術』에서 "중국 문학에 있어서 가장 사랑스러운 여인은 진운(陳芸)"이라고 했다. 녹차 잎에 연꽃 향기를 입혀 남편과 함께 아침 첫 차를 마셨던 총명한 여인, 바로 청대 심복의 아내 진운이다. 진운의 연꽃차 아이디어는 그녀가 살던 시절보다 200여 년 앞선 명대의 『고반여사考槃餘事』에 나온다. 그리고 차에 꽃향기를 입히는 꽃차의 유행은 그녀가 살던 소주·항주 주변에 널리 퍼져 있었다.

중국의 꽃차

차의 신 육우는 차가 가진 본연의 향기를 중시했다. 그러나 송대 단차에는 용뇌(龍腦) 향을 섞어서 차에 향을 보탰다. 차에 꽃향기를 입히는 것은 명대에 유행하지만, 12세기부터 소주·항주 일대에서 이미 꽃차가 만들어졌다. 남송대 시악(施岳)의 『보월음말리步月吟茉莉』에는 "이 꽃은 향이 좋아서 옛사람들은 이 꽃을 찻잎에 넣어서 함께 말렸다"라는 언급이 있으며, 같은 시기 조희곡(趙希鵠)의 『조섭류편調燮類編』에도 말리화차, 즉 재스민차에 대해 "꽃이 향기를 반은 품고 반은 발산할 때 따서 얼마간의 좋은 찻잎과 짝 지운다"라고 기록하고 있다. 이미 송대에 상등 녹차에 꽃향기를 입힌 것이다.

꽃차는 녹차, 오룡차, 보이차, 홍차 등 각종 찻잎에 꽃을 넣어 가공한 것으로 대개 꽃의 양이 차의 양을 넘지 않는다. 차가 주인이고 꽃은 객일 뿐이다.

꽃차는 다음과 같은 과정을 거쳐 만들어진다. 이미 만들어 둔 찻잎과 금방 딴 꽃을 층층이 분리해서 쌓아두어 차가 꽃향을 머금게 한다. 그리고 꽃과 차를 따로 열처리를 한 뒤 다시 차와 섞어

재스민꽃

포장하거나 차만 포장한다. 고급 꽃차는 향을 품은 차만 포장해 판매한다. 꽃차의 대표 주자인 재스민차의 경우 찻잎 50킬로그램에 재스민꽃 15~40킬로그램을 사용한다. 이런 꽃차 제조 기술은 이미 명대에 널리 사용되었으며, 차에 꽃향기를 입힌다고 해서 훈향차법(熏香茶法)이라고 했다.

주권(朱權)의 『다보茶譜』에는 "향이 있는 꽃은 모두 가능하다. 꽃이 필 때 종이로 싸서 대나무 발을 이용해 위에 꽃, 아래에 차를 놓고 하룻밤 지나면 열어 시든 꽃을 새것으로 바꿔준다. 이렇게 며칠 반복한다. 그러면 차에는 저절로 향미가 생긴다"라고 했다. 이렇게 만들어진 꽃차를 훈화차(熏花茶), 향화차(香花茶) 또는 향편차(香片茶)라고 불렀다. 전춘년(錢椿年)의 『다보茶譜』에는 "계화, 말리(재스민), 장미, 난, 귤, 치자, 매화 등 모두 찻잎에 첨가하여 가공한다"라고 기록되어 있다. 명대에는 향이 좋고 독이 없는 꽃은 무엇이든 꽃차로 만들었다.

명 말기 도륭(屠隆)이 지은 『고반여사』에는 여러 가지 꽃차가 등장한다.

연화차: 아직 해가 뜨기 전에 반쯤 핀 백련꽃을 열어 섬세한 차 한 주먹을 집어 꽃수염 속에 잔뜩 채운 다음 삼실로 동여매 하룻밤을 새우고, 다음날 아침 일찍 그 꽃을 따서 찻잎을 꺼내 마른 종이에 싸서 불기운을 쬔다. 다시금 이와 같은 방법으로 다른 백련꽃 속에 넣었다가 다시 말려 거두어 두고 사용하면 기막힌 향기가 풍긴다.

등자나무꽃차: 등자 껍질 가늘게 썬 것 1근과 잘 말린 좋은 차 5근을 섞고 조밀한 마포를 화상(火床)에 꼭 끼게 입히고 그 위에 차를 놓는다. 불에 쬔 다음, 두어 시간 깨끗한 베로 덮어 두었다가 종이봉투에 넣고 봉한다. 그리고 다시 봉투째로 불기운에 말려서 거둔다. 물푸레나무, 찔레, 장미, 난초, 혜란(蕙蘭), 귤, 치자, 계화, 매화 등 모두 차와 섞어 마신다. 제각기 꽃이 필 때에 반쯤 펴서 꽃술의 향기가 온전한 것을 딴다. 차의 양에 따라 꽃을 적당량 섞으면 된다. 꽃이 많으면 향기가 지나쳐서 차의 풍미가 적어지고, 꽃이 적으면 향기가 적다. 찻잎 서 푼에 꽃이 한 푼이면 적당하다. 자기로 만든 단지에 차 한 층 꽃 한 층의 순서로 차곡차곡 쟁여서 종이나 죽순 잎으로 덮어서 단

단히 묶어 솥에 넣고 중탕으로 삶는다. 꺼내 식힌 다음 종이에 싸서 봉하여 불 위에 놓고 말린 다음 사용하면, 꽃향기가 입에 가득하고 차 맛도 손실되지 않는다. 다른 꽃도 이와 같은 방법으로 만든다. 차나무 꽃을 차에 섞으면 본래의 향미가 더욱 아름답다.

말리화차: 끓인 물 반 컵을 식혀 그 위에 대나무 종이를 한 층 깔고, 몇 개의 구멍을 뚫어 저녁 무렵 처음 피는 꽃을 따서 올리고, 위를 종이로 봉하여 기운이 새어 나가지 않게 한다. 다음날 아침 꽃은 머리에 꽂고 향기로운 물은 차로 마시면 좋다.

1391년, 주원장은 단차를 금지하고 산차를 만들라는 조서를 내린다. 송·원대까지 상류층이 마시던 단차에는 향료가 섞여 있었다. 일반 백성들은 넘볼 수 없는 사치품이었던 것이다. 제왕이 백성의 마음을 얻는 방법으로 사치품을 금지시키는 것은 고대로부터 흔한 일이었다. 복잡한 과정을 거쳐 만들어진 귀한 단차를 가루로 만들어 거품 내서 마시던 사람들이 잎차의 단조로움을 해소하는 데는 꽃향기를 첨가하는 것이 가장 좋은 방법이었을 것이다.

이제 차를 만들고 마시는 것이 훨씬 더 간단해졌다. 그러나 오히려 차의 제다법은 훨씬 더 다양해졌다. 찻잎을 따와서 오랫동안 시루에 찌는 것이 제다법의 핵심이었던 예전과 달리 이제 열을 가한 솥에서 찻잎을 덖어서 만들기 시작한다. 각지의 차들이 새로운 맛을 내게 되고, 산지별 개성이 분명한 명차가 곳곳에서 탄생했다.

제다 기술의 발전은 꽃차가 대중화되는 데 유리했을 것이다. 덖어서 만든 고품질 찻잎에 화사한 꽃향기를 첨가하는 것으로 상류층을 공략할 수 있었으며, 품질이 떨어지는 녹차에는 꽃향기를 첨가해 품질을 숨길 수 있기 때문이다.

명대에 덖음 녹차 제조는 완성되었다고 볼 수 있다. 허차서(許次紓)는 『다소茶疎』에서 차를 덖는 법에 대해 다음과 같이 적고 있다.

찻잎을 처음 땄을 때는 향이 없기 때문에 화력으로 향을 만들어 낸다. 차를 덖는 솥은 닦아 놓는다. 차는 따자마자 덖는데 한 솥에 겨우 4량(200그램)의 차를 넣는다. 먼저 약한 불에 덖어 부드럽게 한 후 이어서 강한 불로 속도를 낸다. 손가락에 나무손가락을 끼고 재빠르게 손으로 덖는다. 반 정도 익으면 은은하게 향이 발산되기 시작한다.

장원(張源)의 『다록茶錄』에서는 유념해서 건조하는 제다 과정을 이렇게 기록하고 있다.

센 불에서 재빠르게 볶은 차를 뜨거울 때 바구니에 넣고 여러 번 비빈다. 다시 솥에 넣고 불을 서서히 약하게 해서 완전히 마를 때까지 기다린다.

지금의 녹차 제다법과 크게 다르지 않다. 명대 이후 오룡차, 홍차, 황차, 백차, 보이차 등 수없이 많은 차가 등장했지만 가장 많이 생산되고 소비되는 차는 예나 지금이나 역시 녹차다. 녹차 제다법이 완성되자 녹차에 꽃의 향기를 더하는 꽃차가 유행한다. 그리고 비교적 늦은 시기에 북방으로 퍼진 것으로 보인다. 청 도광제 때 지어진 오인고(吳人顧)의 『청가록清嘉錄』에는 "옹정제 원년(1723) 소주 말리화차(재스민차)가 동북, 화북, 서북 시장으로 대량으로 운송되어 팔려 나간다"고 적고 있다. 주로 소주, 항주 일대에서 유행하던 꽃차가 청대에 북쪽으로 퍼진 것이다. 이후 꽃차는 오늘날까지 북방 지역에서 주로 소비되고 있다. 한국에 거주하는 화교들은 주로 산동 지역 사람들이다. 한국의 어느 중화요리점에 가도 먼저 재스민차가 나오는 것은 이 때문이다.

조선의 향차

조선의 사신단이나 청을 자주 드나드는 역관들은 누구랄 것 없이 연경에서 유행하는 물건들을 사왔는데, 개중에는 꽃차의 대표격인 재스민차를 사와서 선물하기도 했다. 그런데 조선 선비에게 꽃차는 참으로 마음에 들지 않는 물건이었던 것 같다. 추사의 동생 김명희(金命喜)도 추사와 마찬가지로 초의선사(草衣禪師)와 그의 제자 등을 통해 차를 구했는데, 1850년 초의선사가 보내준 우전차를 받고 감사하는 마음을 시로 적어 보내면서 중국에서 온 재스민차를 혹평했다.

연경에서 들여온 것 가짜가 많다 하니
향편(香片)이니 주란(珠蘭)이니 비단 갑에 들어 있네.
듣자니 좋은 차는 고운 여인 같다는데
이 계집종 재주 용모 추하기가 심하구나.

여기서 향편과 주란은 모두 재스민차를 말하는데, 주란은 재스민차를 작은 구슬처럼 둥글게 말아서 만든 것이다. 비단으로 포장한 고급 중국차로 인식하고 누군가 사서 선물로 주었으나 사실은 기념품 상점에서 과대포장해서 파는 품질이 떨어지는 것이었을지도 모른다. 차에 꽃이 들어 있는 것이 아니니 꽃차라는 것을 모른 채 가짜 차로 인식했을 수도 있다. 그리고 소동파의 좋은 차는 가인(佳人)과 같다는 말을 인용해 고운 여인과 못난 계집종으로 대비해서 표현한다. 처음 본 재스민차가 재주도 없고 용모도 추한 계집종 같다 했으니 조선 선비에게는 아주 천한 차로 느껴진 것이다.

국화꽃을 말려서 우리면 국화차, 장미꽃을 말려서 우리면 장미차가 되지만 어디까지나 대용차이지 차는 아니다. 정약용은 "조선에서 생강차, 귤피차, 모과차 등에 차라는 이름을 붙였는데, 이는 잘못이다. 육우의 시에서 '활화로 한가로이 감람차(橄欖茶)를 달인다'고 했지만, 이것은 차에 감람을 섞은 까닭에 차라고 한 것이지 감람잎을 달인 것이 아니다"라는 예시를 제시하며 차는 차로 만들어야 차라고 했다(『아언각비雅言覺非』).

18세기 조선에는 정약용이 말한 것처럼 단순한 대용차가 아니라 찻잎에 향초를 넣어 제조하는 향차가 있었는데, 그 향을 취하기보다는 건강을 위해서였다. 대표적인 것이 칠향차(七香茶)다. 부안(부풍) 현감을 지낸 이운해(李運海)가 저술한 조선 최초의 차 전문서 『부풍향다보扶風鄉茶譜』에 이 향차에 관한 기록이 있다. 칠향차는 독이 없고 향이 좋은 약초를 작설차에 가미해서 만들었는데, 일상에서 겪는 건강 문제를 7가지로 분류해서 각각 적합한 레시피를 제시한다.

풍을 맞았을 때[風]: 감국, 창이자
추울 때[寒]: 계피, 회향
더울 때[暑]: 백단향, 오매
열이 날 때[熱]: 황련, 용뇌
감기[感]: 향유, 곽향
기침[嗽]: 상백피, 귤피
체증[滯]: 자단향, 산사육

즉, 풍증이 있을 때는 작설차에 감국 말린 것을 넣어 마시고, 기침에는 작설차에 귤피나 상백피를 넣어 마시는 것이다. 제조와 끓여 마시는 법에 대해서도 구체적으로 적고 있다. 6냥(225g)의 작설차에 증상별로 제시한 약초를 1돈(3.75g)씩 넣고 물 두 사발을 부어 반으로 줄어들 때까지 졸인다. 그러면 차가 풀어지면서 약초의 향과 약효가 찻잎에 배어든다. 이때 차와 약초를 고루 섞어 불에 쬐어 말린다. 지금 같은 잎차가 아닌 덩이차를 사용했기 때문에 우선 물을 부어 차가 풀어지도록 끓인 것이다. 다시 졸여서 불에 쬐어 말려 포대에 넣고 건조한 곳에 보관한다. 마실 때는 먼저 물 두 사발을 찻주전자에서 몇 차례 끓여 찻그릇에 따른다. 그리고 향차 1돈을 넣고 진하게 우려내서 아주 뜨겁게 마신다.

지금 혹시 위의 증상이 나타난다면, 한 번쯤 마셔보길 권한다. 『부풍향다보』에서 제시한 방법이 번거로우면, 녹차와 약초를 섞어서 우리기만 해도 그 향기와 약효를 얻을 수 있을 것이다. 칠향차에 제시된 약초들은 모두 향이 좋아 차에 넣지 않아도 허브티로도 즐길 수 있는 약재들이다. 분명 만족스러운 결과를 경험할 것이다.

찻잔의 시대:
한 손으로 찻잔을 들어
차를 마시다

작은 단차 하나에는 많은 찻잎이 들어갈 뿐만 아니라 값비싼 향료도 사용하고 제다 과정도 복잡하다. 차가 사람들의 생활에서 빼놓을 수 없는 일용품이 되었지만 단차는 여전히 상류층의 사치품일 수밖에 없었다. 농민 출신으로 중국의 새 주인이 된 명 태조 주원장은 백성들의 지지를 얻기 위한 정치적인 액션으로 차를 이용한다. 1391년에 발령된 단차 금지령은 그 일환의 하나로 국가 정책으로 사람들의 생활방식이 갑자기 바뀐 대표적인 사례이다.

청자에서 백자로, 찻사발에서 찻잔으로

단차가 금지되면서 찻잎을 작은 도자기 찻주전자에 넣어 뜨거운 물을 붓고 우려서 찻잔에 따라 마시는 시대로 전환된다. 이제 황궁에서도 상류층에서도 단차 대신 서민들이 마셨던 잎차를 마셔야 했다. 차를 우린 탕색은 황금색이나 연녹색을 띠어서 이를 아름답게 보이게 하는 백자가 부상한다. 청자, 흑유 다완 위의 하얀 거품이 주는 미감은 더 이상 의미가 없었다. 그리고 오직 차를 위해 만들었던 넓은 찻사발 또한 더 이상 필요하지 않았다. 찻사발에 찻가루를 넣고 차선을 사용해서 휘저을 필요가 없어졌으므로 찻사발 자체가 사라진다. 동서양을 넘나들며 위세를 떨친 청자 다완은 세상이 바뀌면서 그야말로 순식간에 잊힌다.

차는 단순하고 간결해졌지만, 차를 마시기 위한 차도구는 더 복잡하고 다채로워진다. 이전 시대의 큼직한 탕병과는 다른, 한 손에 들어올 만한 작은 찻주전자와 두세 모금 마시면 끝날 만큼 작은 찻잔이 등장했다. 작은 찻잔에 높은 굽을 만들어 넣은 굽다리 찻잔도 유행한다.

사람들은 차츰 순백의 백자가 더 고귀하고 세련된 것이라고 생각한다. 바다 건너 조선 반도에도 청자의 시대가 저물고 백자의 시대를 맞이할 준비 기간인 분청사기와 연질 백자의 시기가 펼쳐진다. 명대 도자기 트렌드는 더 희고 반짝이는 백자를 바탕으로 그 위에 코발트 안료를 이용한 청화백자와 각종 색감을 표현하는 오채자기가 대세를 이룬다.

몽골족 원 왕조를 몰아내고 한족이 명 왕조를 세우는 혼란 속에서 상당 기간 내전을 겪어야 했던 중국의 도요지도 타격을 받는

백자 찻주전자(甜白三繫竹節把壺), 명 영락, 대만 국립고궁박물원 소장

백자 찻잔(白瓷暗龍花茶鍾), 명 가정, 대만 국립고궁박물원 소장

백자 고족완(甜白五龍紋高足碗), 명 영락, 대만 국립고궁박물원 소장

청화백자 찻잔(青花白地玲瓏銀裡茶鍾) 하부,
명 만력, 대만 국립고궁박물원 소장

다. 원의 궁정 도자기 생산지이면서 무역도자기의 중심이었던 경덕진도 잠시 쇠퇴하지만, 명나라가 안정되면서 조정에서 직접 경덕진에 어기창(御器廠)을 설치하고 우수한 도공을 모아 과거의 영광을 되찾는다. 중국의 황제들은 때에 따라 여러 번 연호를 바꾸었지만, 명대부터는 황제가 재위하면 다음 황제가 들어설 때까지 한 연호만 사용했다. 이때부터 명대 어기창의 그릇들은 바닥 면에 황제의 연호를 새겨 넣었는데, 이를 관지(款識)라고 한다. 이 관지로 도자기의 제작 시기를 알 수 있는데, 시기별로 황제의 취향과 당시의 유행이 반영된 것을 확인할 수 있다. 이제 드디어 찻주전자와 작은 찻잔이 갖춰진 최고급 티웨어가 백마크 관지를 달고 생산된다.

대명 제국 황제의 이름으로
청화백자를 하사하라

　명의 세 번째 황제 영락제(永樂帝)는 진취적이고 활기찬 인물이었다. 남경에서 지금의 북경으로 수도를 옮기고 운하를 대대적으로 손보아 수로를 확보했으며, 해외 무역 정책에도 적극적이었다. 정화(鄭和)를 내세워 1405년 1차 원정을 시작으로 28년간 7차례에 걸쳐 원정대를 파견할 정도였다. 정화 원정대는 사실상 대규모 해외 무역 작전으로 그 영향권은 동남아 각지에서 인도양 연안, 페르시아만, 아프리카 동해안에 걸친 광대한 지역에 이른다. 아프리카 동쪽 해안에서 명대 청화백자가 출토되는 까닭이 바로 여기에 있다.

　정화 원정대는 송·원대 때부터 발전한 영파 지역의 우수한 조선 산업을 바탕으로 항해에 나선 일찍이 유래가 없는 대규모 선단이었다. 돛 10개로 움직이는 대형 선박을 주축으로 말을 실은 배, 양을 실은 배, 물을 실은 배가 따로 있을 정도였다.

　정화 원정대는 각지에 도착해 대명제국의 위세를 과시하고 청화백자를 하사했으며, 각국의 진귀한 약재나 향료 등을 채취했다. 간혹 스리랑카 등에서 충돌이 있긴 했지만 점령한다거나 지배할 의사는 없었고, 황제의 위대함을 알리고 중국의 물건을 하사하거나 교역을 하는 외교적인 목적이었다.

　이 시기에 소마리청(蘇麻離青)이라고 불리는 양질의 코발트 안료가 아랍 지역으로부터 수입되었다. 소마리청 안료를 사용한 영락제 시기의 청화백자는 원대에 만들어지던 청화백자보다 더 얇고, 더 희고 섬세하며, 문양도 더욱 정교하고 다양해졌다. 이 도자기들은 아랍권으로 수출되었다.

16세기에는 코란이 새겨진 이슬람풍 자기의 전성기를 맞이한다. 소비자의 기호에 맞춰 본격적으로 아랍어, 페르시아어 등으로 장식된 청화백자를 제작했다. 이란 아르다빌에 있는 왕들의 무덤 내부에는 왕들이 신에게 바친 보물이 커다란 진열장에 보관되어 있는데, 사파비(Safavid) 왕조 아바스(Abbás) 대제가 바친 보물은 1,000여 점의 청화백자였다. 현재도 이스탄불 톱카프 궁전에는 2만 여점의 중국 도자기, 일본 도자기, 아랍 지역의 이즈닉(Iznik) 도자기가 소장되어 있다. 그중 원·명·청 시대의 청화백자가 가장 많다.

청화집호(青花花卉紋執壺), 명 영락,
대만 국립고궁박물원 소장

화려한 채색 도자기
오채·투채·법랑채·분채

도자기 산업은 당시 최첨단 산업이었기 때문에 강력한 정치력을 가진 황제의 재위 기간에 명품이 생산되었다. 명대에서도 비교적 안정기인 선덕(宣德) 연간과 성화(成化) 연간에는 화려한 신기술에 의한 명품 도자기들이 만들어졌다. 빨강, 파랑, 노랑, 갈색 등 다양한 채색 안료가 개발되어 백자를 구워낸 후 다시 각종 색감을 내는 안료로 채색하여 구워낸 오채(五彩) 자기와 투채(鬪彩) 자기가 이 시기에 나왔다. 다만, 정치적 혼란기인 선덕과 성화 사이의 35년 사이에 만들어진 도자기의 품질은 쇠퇴했다.

투채는 청화를 이용해 문양의 윤곽을 그린 후 유약을 입혀 굽고, 그 위에 색을 채워 넣어 다시 구운 자기를 말한다. 여러 가지 색채가 서로 다툰다 하여 투채라고 부른다. 고난이도의 기술이 필요한 자기라 처음 만들었을 때부터 최고의 고가품이었다. 『경덕진도록景德鎭陶錄』에 "성화 연간에 만들어진 투채 계항배(鷄缸盃)와 성배(成盃) 한 쌍이 만력 연간(1563~1620)에 이르러서 은백금 1만 냥이나 한다"는 기록이 있다. 오늘날에도 가끔 홍콩의 경매 시장에서 수백억에 작은 찻잔이 낙찰되었다는 뉴스가 나올 때가 있는데, 바로 이 시기의 투채 자기 찻잔이다. 오채는 투채와 달리 검정색으로 문양의 윤곽선을 그렸다. 투채는 청화가 중심 색상이었다면, 오채에서의 청화는 여러 색상 중 하나일 뿐이다.

명말 청초 혼란의 시기를 지나 청 왕조가 들어서면서 남부 지방에는 오랫동안 군권을 잡았던 오삼계(吳三桂)가 운남을 기점으로 반란을 일으켰다. 이 파란으로 경덕진은 초토화될 정도의 쇠퇴기를 거친다. 이 시기를 틈타 경덕진의 오채 자기 기술은 일본으

오채 찻잔(五彩瓷小碟), 명 성화, 대만 국립고궁박물원 소장(←)
투채 계항배(鬥彩雞缸杯), 명 성화, 대만 국립고궁박물원 소장(→)

로 전달된다. 일본 이마리(伊萬里) 자기가 경덕진 오채 자기 기술에 힘입어 순식간에 발전한다. 그리고 중국 도자기의 대체품이 되어 유럽으로 들어간다.

청이 안정을 이루고 가장 강성한 시기였던 강희(康熙)·옹정(雍正)·건륭(乾隆) 시대에는 도자 기술도 다시 발전한다. 이때 새로운 차도구인 뚜껑 달린 찻잔, 즉 개완이 널리 사용된다. 일반 찻잔처럼 우린 차를 담는 찻잔으로도 쓰이고, 찻잎을 개완에 넣고 뜨거운 물을 부어 찻잎이 입으로 들어오지 않게 뚜껑으로 조절하면서 마실 수 있는 가장 실용적이고 중국적인 차도구이다. 청대 어기창의 도자기 공정은 철

개완(洋彩紫藤花鳥紋藍地蓋碗),
청 도광, 대만 국립고궁박물원 소장

작자 미상, 〈설경행락도乾隆雪景行樂圖〉 부분, 청, 북경 고궁박물원 소장

저한 분업으로 이루어졌다. 『경덕진도록』에는 각 도공의 전문 분야가 구체적으로 기재되어 있다. 그중 도자기 문양을 그리는 업무 분담을 보면 안료 제작 담당자, 문양의 본 그리기 담당자, 색 배합 담당자, 윤곽 그리기 담당자와 투채나 오채의 색 채우기 담당자 등이 나눠져 있을 정도이다. 평생 자신의 전문 분야에만 힘쓰는 도공들은 각자의 영역에서 달인이고, 그 결과물은 세상에 다시없는 찬란한 예술품이 되었다.

이즈음 서양의 기술이 자기 생산에 흡수된다. 기존 청화백자와 오채 자기에 서양의 에나멜 기법을 도입한 법랑채(琺瑯彩) 자기가 그것이다. 법랑은 원래 유럽에서 금속에 이용한 공예였는데, 1719년 독일 출신 선교사 진충신(陳忠信, Jean Bapitste Gravereau)이 궁정에 들어와 전수했다. 칠보 공예에 사용하는 재료를 이용한 법랑 안료는 처음에는 서양에서 수입해 오다가 자체 개발에 성공한다. 법랑채는 동서양 교류의 산물이지만 황궁에서만 사용한 황궁 전용 도자기였다. 법랑 자기 그림에는 황궁의 화가들이 참여해 화조나 인물을 살아 있는 듯 생동감 넘치게 그려 수준 높은 작품을 만들어 냈다.

법랑채 기술을 바탕으로 장식 기법의 최고봉이라고 하는 분채(粉彩)도 생산됐는데, 법랑채와 마찬가지로 황궁 전유물이었다. 분채는 도자기 문양에 색의 농담을 표현할 수 있는 기법이다. 백자에 바로 그림을 그리는 것이 아니라 유리질을 입혀 더 반짝이게 한 후 분채 안료를 두텁게 써서 그림을 그린다. 그러므로 분채 자기는 더욱 화사하고 손으로 만지면 문양의 입체감이 그대로 느껴진다. 백자의 바탕에 문양을 넣는 분채뿐 아니라 녹색, 황색, 자주색 바탕에 다시 연지홍 또는 금홍이라 불리는 화려한 붉은색을 표현하기도 했다. 옹정제 때 가장 우수한 분채 자기가 생산되었다.

청화백자의 집대성기인 건륭제 때는 명대 전성기 자기를 모방한 복고풍이 유행했으며 기술적으로도 더욱 발전했다. 건륭제가 서양 문물에 관심이 많아 서양풍 그림을 넣은 도자기를 많이 생산한다.

중국 도자기는 중국차와 함께 유럽과 미국 등 전 세계로 수출되면서 '도자기의 나라'라는 명성을 이어나갔다. 그러나 중국의 국력이 쇠하고 유럽이 부흥하면서 중국 도자기도 같은 길을 걷게 된다.

법랑채 산수차호(琺瑯彩山水茶壺), 청 옹정, 대만 국립고궁박물원 소장

분채 차호(綠地粉彩番蓮茶壺), 청 건륭, 대만 국립고궁박물원 소장

서양 인물 법랑채 잔(內填琺瑯西洋人物杯), 청 건륭, 대만 국립고궁박물원 소장

도자기 방(Porcelain Room)

　유럽에서 자기를 생산하지 못하던 17세기에 자기는 동양을 연상시키는 특별한 존재였다. 유럽에서 중국 도자기의 가치를 알게 된 것은 16세기부터다. 차를 가루로 만들어 끓여 마시거나, 찻가루를 거품 내 마시던 시대를 모를 수밖에 없는 유럽은 처음부터 도자기 찻주전자와 작은 찻잔을 접한다. 유럽인들은 훗날 찻잔에 손잡이를 달아 유럽식 홍차 티세트를 만들지만, 처음에는 중국식 작은 찻잔을 사용해서 중국 녹차를 마셨다.

　가장 먼저 중국 도자기 수입에 열을 올린 것은 스페인과 함께 신세계 개척의 1세대 국가였던 포르투갈이었다. 오래전부터 아랍인에 의한 OEM 방식으로 자기를 생산했던 경덕진에서는 이제 아랍 취향뿐 아니라 유럽인의 취향에 맞춘 도자기도 생산하기에 이르렀다. 자기는 실용품이었던 동시에 감상품이었다. 포르투갈 리스본의 산토스 궁전에는 260점의 중국 청화백자로 장식한 특별한 방이 존재한다. 이 도자기들 중에는 유럽식 문양과 유럽식 형태로 만든 것들도 있다. 포르투갈에서 경덕진으로 주문하여 만든 것이다.

　17세기에 들어서면서 상인의 나라 네덜란드가 동인도회사를 설립하고 본격적으로 중국 무역을 시작하는데, 이때부터 중국 도자기는 유럽 전역으로 확산된다. 무엇보다도 차를 마시는 습관이 유럽에 퍼지게 되자 도자기 수요는 더욱 늘어난다.

왕실과 귀족 부인들은 중국의 자기로 장식된 공간에서 중국에서 온 티세트를 자랑하며 중국차를 마시는 모임을 즐겼다. 중국에서 온 청화 찻주전자와 찻잔에 중국차를 마시는 풍경은 유럽 상류층의 세련된 고급문화의 상징이 된다. 자기는 그동안 사용하던 금속이나 나무 그릇들과는 차원이 다른 아름다움이 있었다. 동양의 자기를 소유하는 것으로 경제적 수준과 미적 감각을 뽐낼 수 있었기 때문에 열광하지 않을 수 없었다. 자신의 초상화에 중국 찻잔을 넣고 싶어서 일부러 찻잔을 들고 그림을 그리게 하는 것이 유행했을 정도였다. 차를 위한 찻잔이라기보다 찻잔을 위한 차였던 것이 더 정확했을 것이다. 특히 17세기 말에서 18세기 초, 프랑스어로 '시누아즈리(Chinoiserie)'라 하는 중국 열풍이 극에 달했다. 상류층들은 가구, 패션 등 라이프스타일의 모든 면에서 이국 취향에 빠져들었다. 유럽인들의 동양에 대한 환상은 세계 진출에 가속도를 내는 원인이 되었다. 모험심에 가득 찬 젊은이들은 금은보화와 온갖 아름다운 것, 돈이 되는 것이 존재하는 중국으로 떠나는 걸 꿈꾸었다. 발 빠른 상인들은 이 기회를 놓치지 않고 중국의 화려한 사치품과 차를 들여와 부를 쌓았다.

처음 유럽에서는 인테리어용품으로써 만들어진 대형 자기가 인기를 얻었다. 실내를 도자기로 장식하는 것은 네덜란드에서 유행하기 시작했다. 네덜란드 나사우(Nassau) 가문의 프레데리크 헨드리크(Frederik Hendrik)의 비(妃)였으며 실질적인 통치자 역할을 했던 아말리아(Amalia)는 1,185개의 자기를 소유하고 있었다. 그녀는 대형 도자기 항아리를 장식하기 위한 선반을 따로 마련했다. 아말리아의 장녀 루이제 헨리에테(Luise Henriette)는 프리드리히 빌헬름 1세(Friedrich Wilhelm I)와 결혼하고 베를린 교외에 네덜란드 양식의 오라니엔부르크성을 지었다. 1663년, 그녀는 이곳에 유럽 최초의 '도자기 방'을 설치했다. 이 도자기 방은 아들인 프로이센 왕 프리드리히 1세에 의해 다시 개조되는데, 이때 그려진 천장화에도 중국 자기와 일본 자기가 여러 개 등장한다. 프리드리히 1세의 비 조피 샤를로테(Sophie Charlotte)를 위해 지어진 샤를로텐부르크성에 설치된 도자기 방은 현존하는 도자기 방 중 가장 유명하다. 아말리아의 손자와 결혼했으며 명예혁명으로 영국 여왕이 된 메리 2세도 도자기 방을 소유했고, 루이제 헨리에테의 조카인 마리아 아말리아(Maria Amalia) 역시 2,600점의 자기를 소장하고 성 일부를 자기로 장식했다.

 왕실과 귀족 여성들 사이에서는 도자기 방과 함께 캐비닛형 '인형의 집'도 유행했다. 유럽의 명품도자기 회사에서는 지금도 도자기 인형 피겨린(figurine)을 제작하는데, 도자기를 장식품으로 사용한 데서 유래한 것이다.

 차가 문화의 아이콘이 된 것은 차를 담는 아름다운 차도구 덕분이기도 하다. 차가 기호품이 되면서 한잔의 차를 위한 도자기의 예술성이 차 자체를 더욱 특별한 음료로 만들었다. 차를 애호하는 사람들은 더 아름답고 더 독특한 도자기를 원했다. 차의 신으로 불리는 육우가 그러했듯이 차를 사랑하는 사람들은 까다로운 품평을 통해 자신이 사용할 차도구를 선택한다. 최첨단 산업이었던 도자기 기술의 발전은 다분히 차를 사랑하는 사람들의 공적이라 할 수 있다.

숨 쉬는 찻주전자
의흥자사호

　　찻주전자에 차를 우리고, 뜨거운 물을 붓고, 결이 고운 천으로 섬세하게 닦는다. 이렇게 매일 물을 주며 난을 키우듯 찻주전자를 키우는 것을 양호(養壺)라고 한다. 오랜 시간 세심한 양호를 거친 찻주전자는 광택이 나며 더 아름다워진다. 양호의 대상이 되는 찻주전자는 오직 의흥자사호(宜興紫沙壺)뿐이다. 차의 맛과 향을 섬세하게 살리며 차의 잡미를 순화시켜주는 숨 쉬는 도자기 자사호. 사람들은 시간이 지날수록 가치가 높아지는 보이차를 소장하고 싶어 하는 것처럼 시간이 지날수록 아름다워지는 의흥자사호에 마음을 빼앗겼다.

왜 자사호를 사용하는가?

자사호를 사용하는 사람들은 의흥자사호가 세상에서 가장 이상적인 찻주전자라고 단언한다. 자기, 옥, 은, 동, 주석으로 만든 찻주전자 그 어느 것보다도 우수한 기능성을 가진 까닭이다. 자사호에 차를 우리면 차 본연의 색·향·미를 살릴 수 있다. 여름철 자사호 속의 찻잎은 쉽게 변질되지 않으며 겨울철에는 뛰어난 보온력을 자랑해 차가 쉽사리 식지 않는다. 오래 사용한 자사호에 뜨거운 물을 부으면 자사호에 스며들어 있던 청담한 차향기가 은은하게 감돌며, 오래 쓸수록 아름다운 광택이 나고, 오랫동안 양호 과정을 거친 자사호는 표면이 부드럽고 섬세해진다.

진음천(陳蔭千), 자사죽절제량호(紫砂竹節提梁壺),
청 건륭, 대만 국립고궁박물원 소장

자사호가 사랑받은 이유는 이러한 기능성뿐만 아니라 특별한 예술성도 크다. 자사호의 아름다움은 호의 질감, 천연 재료에서 오는 색감, 자사호만이 가질 수 있는 자유로운 형태, 호에 새겨진 관지의 전각, 호에 새겨진 그림과 글씨의 서법 등 종합예술이 융합되어 있기 때문이다. 따라서 자사호는 본격적으로 만들어진 명대 때부터 이미 최고의 가치를 지녔다.

명대 고주기(高周起)의 『양선명호계陽羨茗壺系』에서는 "황금과 값을 다툰다"고 했고, 청대 오건(吳騫)의 『도계객어桃溪客語』에서도 "자사호는 명대에 성행하기 시작했는데 상품은 금이나 옥과 같은 값이다"라고 했다. 일본 메이지시대 오쿠란덴(奧蘭田)의 『명호도록茗壺圖錄』에서는 "명대에 만들어진 자사호 한 개에 중인 가정의 재산 가치가 있다"고 했다.

그렇다면 이러한 기능성과 예술성은 어디에서 비롯된 것일까? 그 비밀은 자사호를 만드는 재료인 도토(陶土)에 있다.

자사(紫沙)는 중국 강소성 의흥시 정촉진(丁蜀鎭)에서 나는 특별한 광석이다. 자사란 이름에서 알 수 있듯 '자줏빛 모래흙'이라는 뜻이다. 이 자사를 가공한 광물질 함량이 높은 도토로 만든 찻주전자가 자사호다. 일반적인 자기와 가장 다른 점은 유리질 유약 처리를 하지 않는 도기라는 것이다. 그러나 우리가 흔히 볼 수 있는 도기 항아리와는 다른 재질과 다른 공정을 거친 고급 도기이다. 유리질 유약 처리를 한 청자나 백자와 달리 자사호의 표면은 숨을 쉰다. 자사호 표면에는 현미경으로 볼 수 있는 미세 기공이 가득해 약 2퍼센트의 수분 흡수율을 가지고 있다. 투기성과 배기성을 가지므로 자사호에 차를 우리면 차의 맛과 향을 풍부하고 섬세하게 끌어낼 수 있다. 자사도토는 분자 배열이 특수해서 일반 자기와 달리 급격한 온도 변화에 강해 뜨거운 물과 찬물을 번갈아 사용할 수 있다. 열전도성이 낮아 손으로 잡아도 뜨겁지 않고 찻물이 쉽게 식지 않는 보온성을 가진다.

자사호는 그 어느 도자기보다도 자유로운 조각과 다채로운 형태를 만든다. 유리질 유약을 사용하지 않으므로 자사호에 새겨 넣은 글씨나 그림이 온전히 표현된다. 그래서 작가의 예술적 감성이 그대로 전달된다. 그림을 그려 넣는 백자나 청자와 달리 그림을 조각해 넣으므로 질감이 주는 자연스러운 아름다움이 특별하다. 자사호의 형태를 표현하는 방식도 자유롭기 때문에 그 양식이 수백 가지가 넘는다. 실용성과 외형의 아름다움이라는 두 마리 토끼를 잡을 수 있으니 차를 사랑하는 사람들이 매혹되지 않을 수 없다.

자사호의 탄생과 발전

명대 진사재(陳師在)의 『선기필담禪寄筆談』에는 "항주의 세간에서 가느다란 찻잎을 사발에 넣고 뜨거운 물을 붓고 마신다. 이것을 촬포(撮泡)라고 한다"는 내용이 나온다. 단차를 가루 내서 끓여 마시거나 거품 내 마시던 당송대에 비해 차 마시는 번거로움이 많이 줄어들었음을 알 수 있다. 이렇게 차를 마시는 방법이 변하면서 산차를 우려내는 찻주전자가 인기를 끌었고, 자사호 역시 본격적으로 만들어진다.

> 차는 명나라에 이르면 빻아서 가루로 만들거나, 향약과 조합하거나, 병차를 만들지 아니했다. 이는 이미 옛사람의 일이 되었다. 최근 백년간에 차호(찻주전자)는 은이나 주석, 복건이나 하남의 도자기뿐만 아니라 의흥의 도기를 최고로 숭상했다. 그것은 이 의흥의 도기가 차 본래의 색·향·미를 우러나게 하는 것이 가능하기 때문이다.
>
> 고주기,『양선명호계』

사람들이 의흥 도기를 최고품으로 여겼으며, 의흥 도기 자사호는 차의 색·향·미를 살려낸다고 했다. 소동파, 매요신 등 송대 문인들이 자사호를 사용한 이야기가 있으며, 의흥의 옛 가마터에서 송대 자사 파편이 발굴되고 있으므로 자사호는 훨씬 전부터 존재했으나 본격적으로 만들어진 것은 명대에 이르러서이다.『양선명호계』에는 의흥 금사사(金沙寺)의 어느 승려에 의해 자사호가 시작된다고 기록한다.

> 금사사의 스님은 오래된 일이라 그 법명을 알 수가 없다. 그 스님은 한가로이 청정한 생활을 누리면서 이따금 항아리나 옹기를 굽는 이들과 함께 지냈다. 미세한 흙을 주물러 만든 둥근 덩이를 물에 담가

씻어가며 부드럽게 만든 뒤, 손으로 짓이겨 기본 형태를 이루고 규범대로 가공하여 둥글게 만든 다음 가운데를 파내어 텅 비게 만들었으며 호구(壺口, 입구), 호병(壺柄, 손잡이), 호개(壺蓋, 뚜껑), 개적(蓋的, 꼭지) 등을 붙인 뒤에 가마 안에다 넣고 구웠다.

명나라 가정 연간(1521~1566)에 살았던 공춘(供春)은 과거시험 준비를 위해 금사사에서 공부하던 오사(吳仕)라는 선비의 하인으로 금사사 스님의 차호 만들기를 어깨너머로 배웠다. 스님은 손자국을 남기는 방식으로 차호를 만들었다고 한다. 현재 전해지는 공춘호는 손으로 만든 도기 특유의 소박한 매력이 그대로 살아 있다. 차호의 표면이 울퉁불퉁해 마치 오래된 나무 표면의 혹을 연상시킨다. 이리하여 공춘은 자사호의 시조가 되었으며, 공춘호는 자사호의 원형이 되어 후세에 길이 남게 된다.

현재 이 형태의 차호가 몇 개 전해지는데, 대부분 공춘의 작품이 아니라 방품(倣品)이다. 선대의 뛰어난 작품을 모방하여 재현하는 기술은 굉장히 어려운 일이어서 뛰어난 작가만이 온전한 방품을 만들어 낼 수 있다. 청대의 고방품(古倣品)은 일종의 유행이자 트렌드였다.

공춘 이후 자사호의 거장들이 등장한다. 중국 의흥 일대 정통 명인으로 시대빈(時大彬)이 대표적이며 이중방(李仲芳), 서우천(徐友泉) 등 유명한 제자들을 길러냈다. 자사호의 아버지로 불리는 시대빈은 공춘의 작품을 모방하다가 점차 자기만의 소박하면서도 고

풍스러운 느낌을 살린다. 시대빈은 당시 유행하던 크기가 큰 찻주전자를 작은 차호로 개량했다. 작은 자사호는 여러 가지 형태로 만들어졌으며 표면에 글씨를 새기는 장식을 했다. 시대빈의 작품으로 인해 자사호는 문인들의 감상품이 된다.

철저한 분업으로 만들어지는 경덕진 자기와 달리 의흥의 자사호 도공들은 하나의 자사호를 만드는데, 전 과정을 전담했기 때문에 작품에 관지를 넣었다. 관지가 주는 미감도 중요한 역할을 해서 자사호 도예 명가들은 심혈을 기울였다. 명대에는 칼로 새기는 관지가 유행했다. 모필로 먼저 글자를 쓰고 자사호가 어느 정도 마르면 죽도로 그 글자를 새겼다. 숙련이 되면 모필 없이 바로 칼로 바로 새기기도 하는데 용의 눈에 점안하듯 매우 신중하고 중요한 작업이었다.

명대 말기에 혜맹신(惠孟臣)이 등장한다. 혜맹신은 수평호(水平壺)를 창안한다. 찻주전자의 출수구와 손잡이 간의 비례와 무게의 평형에 의해 차호를 물에 넣어도 기울어지지 않는 기능성을 갖춘 자사호의 탄생이다. 수평호는 중국 남부지역 공부차(功夫茶)에서 쓰이는 대표적인 작은 크기의 차호이다. 공부차 다예에서는 작은 자사호에 차를 가득 넣

공춘호, 재현품　　ⓒ남승국

어 차를 우리는데, 찻잎이 잘 펴지지 못해서 잘 우러나지 않는 단점이 있었다. 그래서 자사호를 움푹한 접시형의 받침에 올린 후, 자사호 뚜껑을 닫고 뜨거운 물을 계속 부어서 차가 충분히 우러나게 했다. 이때 자사호 받침에 물이 가득 고이면 자사호가 물에 뜨는데, 수평호는 한쪽으로 기울지 않고 평형을 맞추기 때문에 안정감 있게 차를 우릴 수 있다. 이후 수평호는 작은 크기의 자사호 제작에 표준이 된다.

명나라 시대빈 이후 화려한 발전기를 보낸 자사호는 청 강희제부터 건륭제에 걸쳐 제2의 발전기를 맞이한다. 이 시기에는 궁정까지 의흥자사호가 들어간다. 강희에서 옹정 연간(1723~1735)에 가장 유명했던 도공으로 진명원(陳鳴遠)이 있다. 시대빈이 자사

수평호

호의 기초를 세웠다면, 혜맹신이 완벽한 표준형 자사호를 만들었고, 진명원은 자사호를 공예 예술품으로 만들었다. 진명원은 자사호의 조형을 더욱 다양하고 섬세하게 발전시켰다. 그것은 자사호의 예술세계를 확장시키는 일이었다. 진명원을 시작으로 자사호 뚜껑에 도장을 찍는 방법이 등장했는데, 이는 명대와 청대를 구분하는 기준이 된다. 명대 자사호의 관지는 해서(楷書)로 조각했다. 청대에 들어서면 조각 대신 인장을 눌러 찍는 것이 일반적이다.

청 중기 문인이자 화가이며 전각가였던 만생(曼生) 진홍수(陳鴻壽)는 자사호의 조형을 설계한다. 그는 당시 가장 유명한 의흥자사호 도공 양팽년(楊彭年)과 소이천(邵二泉)을 위해 18개의 호식(壺式)을 설계했다. 이를 '만생18식'이라 한다. 진홍수를 따르던 많은 문

자사호 관지

인 묵객들의 시를 넣은 의흥자사호를 '만생호(曼生壺)'라고 부른다. 문인들은 자신의 시를 새긴 자사호를 원했고, 도공들은 문인 취향의 품격 있는 간결한 자사호를 만들어낸다. 하루라도 차 없이 보낼 수 없다고 한 건륭제도 자신의 시를 넣은 자사호를 만든다. 이런 문인 취향의 자사호는 19세기에 점점 인기를 누리며 유행한다.

민국 초기 국제박람회에 자사호가 출품되어 해외로 널리 알려진다. 범대생(范大生)은 1915년 파나마 국제박람회에 자사호를 출품해서 대상을 받고, 1932년 런던 국제예술박람회에서 수상한다. 이 시기의 자사호는 19세기 전통을 이어받아 차호 한쪽에는 산수인물, 한쪽에는 글을 새기고 있다. 시구는 보통 〈당시3백수唐詩三百首〉에서 채용하고, 도안은 당시 금석학 자료집인 〈금석색金石索〉이나 강희 연간에 만들어진 화보집인 〈개자원화보芥子園畫譜〉를 참고했다. 이때는 도기 제작 과정에서 그림과 글씨를 전문적으로 새기는 작가가 등장해 분업화가 분명해진다. 따라서 하나의 자사호에 제조공장의 인(印)과, 도공의 인, 그리고 조각가의 관(款)이 별도로 새겨진 것이 등장한다.

자사호를 현대적으로 재정립하여 자연적 예술미와 고전적 단아함의 결합을 시도한 이가 고경주(顧景舟)이다. 그는 자사호는 그 자체로도 이미 완성된 예술이므로 글씨를 새길 필요가 없다고 했다. 고경주는 1955년 자사공예방(紫沙工藝房)을 열어 사상 최초로 자사와 관련된 체계적인 교육을 시작했다. 오늘날의 자사호 대사와 명인급 공예인들이 이 교육을 통해 성장했다고 볼 수 있다.

자사호의 내부도 시대에 따라 달라졌다. 민국 이전 차호는 대부분 구멍을 하나만 만들었고, 작은 구멍을 여러 개 만들어 차를 따를 때 찻잎이 찻물과 함께 나오는 것을 막을 수 있게 만든 것은 나중 양식이다. 1970년대부터는 골프공의 반쪽처럼 둥근 곳에 구멍을 여러 개 뚫어 찻잎을 걸러내는 기능성을 더욱 높인 것이 나왔다. 그러나 아주 작은 자사호는 여전히 한 개의 구멍만 뚫는다.

현재 의흥에서도 끊임없이 예술품으로서의 자사호가 만들어지고 있다. 중국 정부는 작가들에게 등급을 부여함으로써 작품 활동을 돕고 소비자들의 작품 선정의 어려움을 해소하려고 노력하고 있다. 다른 도자기와 마찬가지로 유명 작가의 작품을 구매하는 것은 경제적으로도 예술적 감식 능력으로도 쉬운 일이 아니다. 그러나 대량 생산하는 제품 중에도 실용성과 외관의 아름다움을 갖춘 좋은 자사호는 얼마든지 있다. 자신의 취향에 맞는 좋은 자사호를 구해서, 오랜 시간 길들이며 사용하는 특별한 즐거움을 경험해 보길 권한다.

차노유(茶の湯)

    풀잎 위에서 반짝이는 물방울은 금방이라도 대굴거리며 굴러갈 듯하다. 이끼 낀 디딤돌 하나하나에는 자연의 정취가 고스란히 묻어 있다. 정원으로 들어온 손님은 마치 아무도 걷지 않았던 미지의 이상향에 첫발을 디딘 느낌일 것이다.
    이 영롱하고 싱그러운 느낌은 저절로 생긴 게 아니다. 부지런한 누군가의 손길이고 마음이다. 주인이 손님을 맞기 위한 '온전한 정성', 그 자체였다. 대문이 열리는 순간부터 손님의 발걸음과 눈길이 닿는 모든 곳을 놓치지 않는다. 정갈함은 기본이며 자연의 정취와 공간의 아취를 최대한 살린다. 너무 깔끔하기만 해도 적막해 보이고 화려한 치장은 부담스럽게 느껴진다. 꾸민 듯 꾸미지 않은 듯 편안함을 자아내는 공간을 가꾸고 선보이는 일은 차 마시

는 일, 즉 '차노유(茶の湯)'의 일부다.

속세를 벗어나는 짧은 여정

어느 날 제자가 리큐(利休)에게 차노유의 참다운 의미가 무엇인지 물었다. 리큐의 답은 명료했다.

> 차는 마시기 좋게, 숯은 물이 잘 끓도록, 꽃은 들에 있는 것처럼, 여름은 시원하고 겨울은 따듯하게, 시간은 조금 일찍 서두르며, 맑은 날에도 우산을 준비하여, 자리를 같이한 손님을 배려하는 마음가짐을 가지도록 하라.
>
> 『남방록南方錄』

그러자 제자는 별일 아니라는 듯 그 정도의 일이라면 잘 알고 있다고 대답했다. 리큐는 만약 그것을 충분히 할 수 있다면 네 제자가 되겠다고 했다. 단순해 보이는 행위라도 얼마만큼의 정성과 노력을 담느냐에 따라 상대방에게 전할 수 있는 감동의 깊이는 전혀 다르다. 리큐는 차노유의 정신과 예술적 경지에 대해서 말했다. 그 뜻을 이해하지 못하는 제자는 섣부른 대답을 한 것이다.

차노유라 불리는 일본 다도는 차를 다루고 대접하는 전 과정을 말한다. 계절에 따라 방식이 다르고 주제도 때마다 다르다. 정

일본 정원

오에 모여 간단한 식사를 겸해 여는 낮 다회, 주로 12월에서 2월 사이에 열어 겨울의 정취를 함께하는 밤 다회, 여름날 한낮의 더위를 피해 청량한 아침을 맞이하는 아침 다회, 한겨울 이른 새벽에 차가운 한기와 어둠 속에서 색다른 분위기의 차향을 만끽하는 새벽 다회가 있다. 이 밖에도 미리 알리지 않고 불쑥 찾아온 손님을 위해 여는 불시 다회도 있고, 새 차를 시음하는 개봉 다회는 손님을 모시고 차단지를 처음으로 개봉한다. 저명한 손님이 다실을 다녀간 직후에 바로 그 자리에서 그가 쓰던 다구로 차를 마시며 자취를 느끼는 독특한 자취 다회도 있다. 차를 마시는 일은 같지만 어떤 주제로 다회를 여느냐에 따라 찻자리의 분위기는 각양각색이다.

　다회를 주최하는 주인과 초대받은 손님은 각자 자신의 역할을 해내야 하며 함께 차를 마시기 위한 규칙을 미리 숙지하고 있어야 한다. 다회를 주최하는 사람은 먼저 초대할 손님들에게 어떤 다회가 열리는지 다회를 소개하는 초대 편지를 보낸다. 편지를 받은 사람들은 참석 여부의 답장을 보낸다. 다실이라는 한정된 공간에서 고요하게 마시는 것을 중요하게 생각하기 때문에 초대 인원은 5~6명 이하이다. '오요세(大寄せ)'라고 하는 20~30명이 참여하는 대단위 다회도 있지만 아무래도 소수의 인원이 참여하는 찻자리가 아취가 있다.

　차 마시는 일, 다사(茶事)는 대개 4시간 내외로 진행된다. 간결한 가이세키를 천천히 즐기고 다실 밖으로 나와 정원에서 쉬는 시간을 가진다. 그리고 숯불로 끓인 물로 만든 진한 농차(濃茶)와 연한 박차(薄茶)를 음미한다. 그날 다회에서 사용한 다구를 감상하는 것도 중요한 과정이고 즐거움이다.

　다회에 온 손님들은 대기실인 마치아이[待合]에서 족자나 도자기를 감상하며 오늘의 다회는 어떤 모습, 어떤 분위기일지 설레는 마음으로 기다린다. 그러다가 정원에서 노지(露地)를 따라서 다실로 이어진 길을 감상하며 다실로 들어간다. 노지는 정원을 가로질러 초암에 이르는 통로로 보통 징검돌로 만든다. 천천히 걸으며 다실 주인의 정서를 교감한다. 미리 뿌려놓은 물방울들은 영롱하

쓰쿠바이

게 반짝거리고 이끼가 낀 돌은 그윽하고 자연스러운 운치를 자아 낸다. 점점 외부의 소음에서 멀어지고 고요함에 가까워진다.

　난보 소케이(南方宗啓)는 『남방록』에 "노지를 따라 초암으로 가는 것은 속세의 먼지를 터는 것이며, 주인과 손님은 서로 순수한 마음으로 만난다"고 썼다.

　다실 근처에는 고시카케 마치아이[腰掛待合]라고 하는 정자나 의자가 있다. 손님들은 이곳에서 주인의 안내를 기다린다. 그동안 다실 주변의 나무를 감상하며 자연의 아름다움을 즐긴다. 주인이 손님을 안내하면 다실로 들어가기 전에 쓰쿠바이[蹲踞]라고 하는 돌로 만든 물그릇에서 손을 씻고 입을 헹군다. 리큐는 쓰쿠바이는 대지에 가깝게, 자연에 더 가깝게 다가가야 한다고 했다. 속세의 먼지를 씻어내는 이 의식을 통해 사람들은 묘한 신성함을 느끼게 된다.

다실에는 두 개의 출입문이 있다. 하나는 주인이 차를 내기 위해 드나드는 문이며, 또 하나는 손님이 드나드는 니지리구치[躪口]이다. 니지리구치는 가로세로 60센티미터 정도로 고개와 허리를 숙여야만 들어갈 수 있는 작은 문이다. 왜 작은 문으로 몸을 구부려 들어가야 하는 걸까? 니지리구치는 다실로 들어서는 순간부터 모든 인간은 동등하다는 일종의 상징이다. 깊숙한 허리 굽힘을 통해 사회적인 지위, 명예, 거만함, 빈부와 귀천 등을 버려야 한다는 암묵적인 의식이다.

다실의 창문은 하얀 창호지로 덮여 있어서 외부 세계와 분리되어 있다. 작은 공간에서 느껴지는 안락함과 평화로움을 느낄 수 있다. 다실은 넉 장 반의 다다미로 잡다한 기물은 놓지 않는다. 그날 필요한 최소한의 다구만이 존재할 뿐이다.

지금 이 순간의 완전함을 위하여

다실은 크게 세 곳으로 나뉜다. 족자를 걸거나 꽃을 장식하는 등 다회의 주제에 따라 주인이 연출하는 예술 공간인 도코노마[床

の間], 주인이 차를 내는 자리인 행다석[点前座], 그리고 손님을 모시는 객석[客座]이다. 도코노마는 벽 쪽으로 움푹 패어 있으며, 바닥이 방바닥보다 한 단 더 높다. 손님에게는 보이지 않지만 다회 준비를 하는 부엌인 미즈야[水屋]가 다실 옆에 딸려 있다. 이렇게 작은 공간 안에서도 분리가 정확한 것은 일본 다실만의 독특한 특징이다.

다실에서 사용하는 물 끓이는 도구는 계절에 따라 다르다. 겨울에는 로[炉]를 이용해 물을 끓이고, 여름에는 후로[風炉]를 사용한다. 겨울 화로인 로는 다다미 아래로 사방 42센티 크기의 화덕을 파서 만든 다다미 화로이다. 주로 한기를 느끼는 11월부터 이듬해 4월까지 사용한다. 다다미 위에 후로를 놓는 것은 날씨가 따듯해지는 5월부터 10월까지다.

다회의 분위기에는 계절 감각이 섬세하게 적용되는데, 리큐의 제자 야마노우에 소지(山上宗二)는 겨울과 봄에는 설경을 염두에 두고 낮 다회와 밤 다회를 열며, 여름과 겨울에는 초저녁부터 밤까지가 다회를 하기 좋은 때라고 했다. 특히 달이 아름다운 가을밤에는 혼자서라도 차솥을 걸어놓고 달을 손님으로 모시고 차를 하는 것을 풍류라 했다. 무더운 한여름을 보내고 찾아온 서늘한 가을 달밤의 차와 나의 고요한 만남, 온전하게 나와 자연이 대면하는 시간이다.

다실 안으로 들어와 앉은 손님과 주인이 인사를 나눈 뒤, 손님들은 차례대로 정해진 자리에 앉는다. 약간의 대화가 오가긴 하지만 거의 대부분 침묵을 지키며 고요를 즐긴다. 주인은 조용히 다구와 차를 준비하고, 손님은 조용히 주인의 모습을 바라본다. 오로지 차를 위한 행위 안에서 선(禪)의 경계를 넘나든다. 주인은 회석(懷石) 요리(가이세키)를 내 손님들을 대접한다. 회석이란 원래 불교 용어로 선방에서 수양하는 승려들이 긴긴 겨울밤 공복에 시달릴 때, 돌을 따뜻하게 데워서 품속에 넣어 허기를 잊으려 했다는 고사에서 유래한다. 회석 요리는 허기를 달랠 정도로 간단하게 꾸며진다. 밥 한 주먹, 반찬 한두 가지, 국 한 그릇으로 차린 조촐한 상차림이다. 소박하고 정갈한 회석 요리 후에는 다과를 낸다. 차를 마시기 전에 손님에게 달콤한 간식을 대접하는데 일본의 차문화에서 차과자가 특별히 발달한 이유도 여기에 있다. 이후 짧은 휴식 시간 동안 손님은 밖으로 나가 정자에서 시간을 보낸다.

그 사이 주인은 농차를 준비하며, 도코노마에 족자를 치우고 꽃을 놓는다. 모든 것이 준비되면 종소리를 울려 입실 신호를 보낸다. 손님들은 쓰쿠바이에서 손을 씻고 니지리구치를 거쳐 다시 다실로 들어온다.

주인이 준비한 진한 농차는 큰 찻잔인 다완을 사용해서 참석한 손님들이 함께 나누어 마신다. 농차는 고급 말차를 따뜻한 물에 섞어 대나무 차선으로 저어 걸죽하고 진하게 만든 차로 한 개의 다완만 사용한다. 잔을 공유하는 이유는 모인 사람들 모두가 하나의 공동체라는 의미를 부여하기 위함이다. 손님들은 차의 맛과 다완의 형태를 함께 감상한다.

도코노마

　손님들이 차를 다 마실 때쯤 주인은 숯불을 살피고 다과를 준비한다. 농차 이후에는 엷은 박차를 준비한다. 박차는 손님마다 각각 다른 잔에 준비한다. 주인은 정해진 순서대로 손님에게 다완 하나씩 차를 거품 내 대접하는데, 차를 마시는 동안 시를 짓기도 하고 주인의 다구나 다실에 대한 감상을 이야기한다.
　주인이 다구를 미즈야로 치우고 문을 닫으면 다회가 끝나간다는 뜻이다. 주인이 돌아오면 손님들은 찻자리에 대한 감사인사를 한다. 손님이 다실을 나가면 주인은 니지리구치 앞에서 공손하게 그들이 가는 것을 지켜본다. '일기일회(一期一會)'. 일생에 딱 한 번 있는 일처럼 그런 마음으로 손님을 맞이하고 또 보낸다.

차노유의 모든 과정은 수행에 가깝다. 진정한 차노유의 수행자는 차를 내는 각각의 행동에서 지금 이 순간의 완전함을 추구한다. 오랜 수련을 통한 정확하고 간결한 움직임, 섬세한 동작 하나하나는 마치 아무렇지도 않은 듯 무심하고 자연스럽다. 이것이 곧 생활 속의 선(禪)이요, 도(道)이다.

리큐
스타일

1591년 2월의 어느 싸늘한 날. 정갈한 차림의 한 노인이 의식적 자살인 할복을 준비하고 있다. 흐트러짐 하나 없는 담담한 모습의 이 노인은 일본 다도 '차노유'의 완성자 센노 리큐(千利休)다. 리큐는 차를 마신다는 단순한 행위에서 미학을 이끌어낸 위대한 차인이자 일본 다도의 정신 그 자체다. 리큐는 왜 할복을 해야 했을까?

일본 차문화는 정치와 켜켜이 얽혀 있다. 본격적인 차 수용의 목적 역시 짙은 정치색이 묻어 있다. 차를 마시는 모임을 정치에 이용했던 도요토미 히데요시(豊臣秀吉)는 다회를 주도하고, 차 자체에 의미와 형식 그리고 권위를 이끌어갈 측근이 필요했다. 리큐는 그렇게 발탁되어 최고의 존경을 받았지만, 결국 주군 히데요시

리큐 가문의 공양탑

와의 미학적 감각 차이와 히데요시의 사사로운 감정에 의해 할복을 선택해야 했다.

다도로 다이묘들을 통제하다

일본은 12세기부터 메이지 유신이 일어나는 19세기까지 막부라고 불리는 무가정권을 이끄는 쇼군(將軍)이 실질적인 권력자로 중앙을 지배했다. 전국적인 중앙집권체제를 이룬 도쿠가와 이에야스(德川家康)의 에도 막부(1603~1867)가 들어서기 전까지 강력한 중앙 정권을 가지지 못했던 일본은 각 지방의 토호 세력인 다이묘(大名, 영주)들이 지역 권력의 주체였다. 다이묘들에게는 소작인을 통제하고 조세를 징수하기 위해서 복종심이 강한 수하들이 필요했다. 가난한 하층민 출신의 사무라이라고 하는 무사들이 그 일을 맡았다. 다이묘들은 사무라이들을 조직화할 필요가 있었다. 뿐만 아니라 사찰 역시 그들의 영역을 지키기 위해 사무라이가 필요했다. 사무라이의 숫자는 점점 늘어났고, 이들은 무엇이든 무력으로 해결하는 무사단이 되었다.

지방의 다이묘와 중앙의 막부 아래에서 각각 중간 권력을 행사하게 된 사무라이들은 그에 상응하는 지성과 문화가 필요했으므로, 지식이 풍부한 승려들의 도움이 필요했다. 12세기 중엽, 가마쿠라 막부 정권(1185~1333)은 송나라의 우수한 문물을 배워와 무가문화의 토대를 마련하고자 에이사이(榮四) 선사를 송나라로 유학 보냈다. 당시 중국은 동아시아 문화의 중심국이었으며 일본은 중국 문화를 숭상했다. 마침 중국 차문화 사상 최고조에 이른 송대의 차문화는 일본에 크게 영향을 미쳤다. 에이사이 선사는 일본에 차 씨앗과 송대의 우수한 다구를 들여왔으며, 일본 선종 불교에 차문화를 결합시켰다. 또한 차의 효능을 정리한『끽다양생기 喫茶養生記』를 엮어 찻잎과 함께 당시의 막부 쇼군이었던 미나모토노 사네토모(源実朝)에게 헌납한다.

에이사이 선사는 송나라에서 중국 불교 선종 5가(家)의 한 종파인 임제종의 임제선(臨濟禪)을 전수받았고, 무가문화의 정신적

기틀이 된 참선을 장려했다. 이후 일본에서 선(禪)이 시작되고, 사무라이들은 참선 수행과 검술을 동시에 익히며 새로운 문화를 접한다. 한편 그의 제자 묘에(明惠) 선사에 의해 차 재배에 성공하게 되는데, 묘에는 중국차 씨앗을 고산사(高山寺) 주변에 심었다. 덕분에 일본에서 고품질 차가 생산된다. 이후 이 지역의 차를 본차(本茶)라 하고 다른 지역에서 생산되는 차를 비차(非茶)로 구분하게 된다. 차를 시음하고 그 차가 본차인지 비차인지를 알아맞히는 게임이 생겨났는데, 이것이 바로 일본식 투다(鬪茶)이다.

    사원에서 참선하는 승려들은 차 마시는 일을 매우 중요하게 여겼다. 그들은 송나라에서 가지고 온 고급차를 청자나 백자 다완에 마셨다. 물론 선승들과 친밀한 귀족들도 차 마시는 일에 영향을 받았다. 그들은 선종 사찰을 모방해 일본 스타일의 서원(書院)을 짓고 다실로 사용했다. 차를 마시는 데에는 일정한 문화적인 공간과 형식을 익혀야 했으며, 차문화를 받아들인 사무라이 계급은 더 이상 무지한 시골의 칼잡이가 아닌 제법 교양을 갖춘 무리로 성장한다. 상징적으로만 존재하는 천황과 권위를 잃어가는 황실에 반해, 막부 정권은 점점 더 영향력이 커졌고 선불교와 함께 차문화 역시 더욱 융성해진다. 사무라이들은 불안정한 사회 상황 아래 사회적 정체성을 확립하기 위한 도구로 다회를 개최했다. 누가 더 좋은 차를, 더 좋은 기물을 가지고 있는가가 큰 관심사가 되었다.

    가마쿠라 막부에 이은 무로마치 막부(1336~1573)에 들어서면서 차는 더욱 번성했다. 사무라이는 이제 무력뿐만 아니라 참선, 서예, 꽃꽂이, 정원 가꾸기 등을 통한 세련된 미의식을 소유하고 있어야 좋은 평가를 얻을 수 있었다. 다회는 이 모든 것을 아우르는 미의식을 표출할 수 있는 최고의 기회였다.

사무라이들은 권위를 드러내기 위해 점점 더 호화롭게 다실을 꾸몄고, 그렇게 화려한 다실에서 화려한 옷을 입고 산해진미와 차 연회, 그리고 차맛을 겨루는 투다를 즐겼다. 한편, 다회는 정쟁의 도구로 이용되기도 했다. 다실과 분리된 곳에서 차를 준비하고, 주인이 손님의 자리를 미리 지정하는 다회의 규칙을 이용해 정적의 찻잔에 몰래 독을 타서 제거하는 것이다.

강력한 세력을 형성한 막부의 수장 쇼군은 다이묘들을 복속시키면서 차를 마시는 모임인 다회를 열어 자신의 권위를 직접 보여주었다. 화려한 다실인 서원에서 중국과 조선에서 가져온 귀한 다구를 사용하고, 골동 서화를 늘어놓아 예술적·문화적 우위를 확인시킨다. 복속된 다이묘들은 자신과 가문의 안위를 위해 최고의 다구와 예술품을 상납하는 것으로 충성을 서약하는 풍조가 생겼다.

차노유의 형성, 서원차에서 초암차로

무로마치 막부의 8대 쇼군인 아시카가 요시마사(足利義政)는

초암 다실 평면도

　다이묘들에게 정치를 맡기고 건축·예술 등에 탐닉하여 교토 동쪽에 히가시야마[東山] 문화의 꽃이라고 불리는 은각사를 세우는 등 문화예술에 심취했다. 그에게 가장 큰 영향을 준 것은 선승 무라타 주코(村田珠光)였다. 소박한 차생활을 지향해 방에 병풍을 둘러 작은 공간을 별도로 만들고, 그 안에서 차를 마신 무라타 주코는 화려한 사원풍의 다실 대신 간소한 초암을, 화려한 중국의 다기 대신 소박한 일본의 다기를 선호했다.

사무라이 계급을 중심으로 즐기던 호화로운 서원차(書院茶)와 달리 무라타 주코가 창안한 소박한 차문화를 초암차(草庵茶)라고 한다. 서원차는 서원의 큰 방에 손님이 모여 있으면 다른 곳에서 차를 끓여와 마시는데 반해, 초암차는 좁은 공간에 소수의 손님을 모셔 자리의 주인인 정주(亭主)가 손님 앞에서 정성껏 차를 낸다.

무라타 주코에서부터 오늘날과 같은 일본 다도의 형식이 시작되었으므로 그를 일본 다도의 시조라고 일컫는다. 그는 차란 수행의 한 방편이며, 다실은 그저 손님을 편안하게 맞이할 수 있는 곳이면 된다고 했다.

무라다 주코의 초암차 다법을 더욱 간소화하여 체계를 잡은 사람은 다케노 조오(武野紹鷗)다. 무라다 주코는 정신적 이상을 추구하는 다선일미(茶禪一味)를 차노유의 사상으로 확립했고, 이를 이어받은 다케노 조오는 검소하면서도 엄격한 차생활을 추구했다. 다실은 작고 소박하게 넉 장 반 크기의 다다미로 만들었다. '다다미 넉 장 반'이라고 하면 '이보다 더 작고 싸게 구할 수 없는 방'이란 뜻을 가진 관용어로도 쓰이는데, 최소한의 작은 공간을 의미한다. 이 작은 공간을 소박한 아름다움을 갖춘 다실로 만들었으며, 이런 소박한 다풍을 와비차(わび茶)라 한다.

'와비'란 한적한 가운데 느끼는 정취, 소박하고 차분한 멋을 느끼는 미적 감각이다. 찬란하고 화려한 것보다는 간소하고 단정한 것에 더 큰 의미를 두는 새로운 미의식이었다. 다실의 벽은 황토 흙을 바르고, 지붕은 짚이나 억새로 엮었다. 세인들의 관심에

고대사(高台寺) 초암다실 유방암(遺芳庵)

서 벗어난 것, 버려진 것, 시든 것, 불완전한 것에서 아름다움을 찾으려 했다. 와비 정신은 선(禪)과 더불어 일본 미의식의 중요한 요소가 된다. 그러나 공간이 검소해졌다고 해서 그것이 서민의 차라는 뜻은 아니다. 여전히 빈곤한 사람들은 차를 즐길 만한 여력이 되지 않았고, 검소와 소박함이 주는 아름다움을 즐길 만한 정서는 그들과는 한참 먼 이야기였다.

리큐 스타일의 완성

와비차를 완성한 것은 센노 리큐다. 어려서부터 차를 접했던 그는 열여섯에 이미 저명한 차인들과 다회를 열 정도였다. 그는 스스로 무라타 주코에게서 도(道)를 얻었고, 다케노 조오에게서 법(法)을 얻었다고 했다.

리큐가 다케노 조오의 문하생으로 들어간 지 얼마 지나지 않았을 때였다. 다케노 조오는 리큐에게 정원 청소를 시켰다. 그러나 이미 깨끗하게 청소되어 있는 정원은 더 이상 치울 것이 없었다. 리큐는 오히려 정원의 나무를 흔들었고, 그 나뭇잎들이 마당에 우수수 떨어졌다. 낙엽 하나 없는 정원보다는 나뭇잎이 자연스레 흩어진 모습의 정원이 더 아름답다고 생각한 것이다. 이런 리큐를 지켜보던 다케노 조오는 그의 미적 감성을 인정했다. 말끔하게 잘 가꾸어진 인공 정원에 있으면서도 지극히 자연스러운 멋을 즐기고자 하는 미감을 일본의 차인들은 흔히 '시중(市中)의 산거(山居)'라고 표현한다. 송대 문인들이 시중에서 은거한다는 의미로 '성시삼림(城市森林)'이라 표현한 것과 같다.

권력자 도요토미 히데요시는 리큐를 차 선생으로 삼았다. 히데요시는 차문화의 강력한 후원자로 차에 관해서 적극적으로 지원하고 관여했다. 다른 쇼군처럼 선을 가까이 하고 와비를 존중했지만, 정작 공식적인 자리에서는 호화로운 차를 선보였다. 그는 자신이 가진 부와 권력을 차 마시는 공간과 기물로써 과시했고, 사람들은 이

니지리구치

를 그의 정치권력과 동일시했다. 히데요시는 다실 전체를 황금으로 치장하고, 천황까지 초대하여 자신의 재력을 한껏 과시했다.

반면 다케노 조오의 가르침에 따라 선 수행을 했던 리큐는 차를 마시는 전 과정을 단순히 즐기는 데 그치지 않았다. 그는 차를 통해 자기 내면으로부터 조화로움을 발견하고 자신을 통찰하는 순간으로 삼았다. 다실은 최대한 단순화하고 자연적인 것을 추구했다. 1582년 리큐는 히데요시를 위해 교토 묘희암(妙喜庵) 내부에 3.6세제곱미터 크기의 대암(待庵)이라는 다실을 지었는데, 여기서 이러한 개념을 실제로 구현하고 있다.

리큐는 보잘것없는 좁은 공간인 초암다실 대암에서 고위 관리들에게 차를 대접하는 것을 주저하지 않았다. 다실에 들어가는 방법도 대담하게 바꿔버렸다. 서서 들어갈 수 있는 출입문을 없애버린 것이다. 누구든 다실에 들어가려면 몸을 잔뜩 구부려야 하는 니지리구치를 사용해야 했다. 사무라이의 긴 칼은 밖에 두고 들어가게 했다. 리큐는 다실 안에서 만큼은 평등과 평화, 우애가 이루어져야 한다고 강조했다. 히데요시와 리큐의 차는 의미가 달랐다. 히데요시가 리큐에게 할복을 명한 것은 정치적 권력자가 되려는 자와 청정한 와비를 실현하는 자의 최종 지향점이 다른 데서 오는, 둘 사이의 암묵적 불편함이 존재했기 때문일 것이다.

리큐는 그만의 미적 감각을 살려 그만의 스타일로 승화시킨다. 중국의 값비싼 도자기 대신 조선의 다완을 다도에 본격적으로 끌어들였으며, 다양한 다구를 개발해 일본의 도자기 산업과 미술, 예술 발전에 크게 기여했다.

와비차의 상징이 된 최소한의 공간 대암은 주인과 손님 간에 최대한 교감을 나눌 수 있는 공간이었다. 리큐는 다도의 형식을 빌어서 세속적인 것으로부터 초탈하고자 했다. 사용하는 다구는 검박하되 단아했다. 리큐는 지극히 거친 질그릇인 쿠로라쿠다완[黑樂茶碗]을 만들어 차도구가 갖추어야 할 아름다움은 자연스러운 것, 소박한 것이라는 미의식을 소개했다. 대나무 화병인 샤쿠하치[尺八]는 화려한 꽃장식이 아닌 고고한 한 송이 꽃만을 절제하여 사용했다.

일본 다도 차노유는 리큐에 의해 완전해졌으며, 이 리큐 스타일은 오늘날 일본문화의 상징이 되었다.

전쟁으로 쟁취한 도자기 기술

16세기까지 지구상에서 자기를 만들 수 있는 나라는 중국과 조선, 베트남이었다. 그중에서도 품질 좋은 자기를 만들 수 있는 나라는 중국과 조선뿐이었다. 중국은 청자를 만들다가 청백자를 거쳐 청화백자를 생산하지만, 조선은 청자에서 백자로 이전하는 사이에 백토분장을 해서 독특한 느낌을 준 분청사기와 연질백자 단계를 거친다. 이 조선의 분청사기와 연질백자는 일본인의 눈길을 끌게 되면서 세계 도자사에 특별한 기폭제가 된다.

천하제일 이도 다완을 위하여

일본인들은 전통적으로 다완에 탐닉했다. 사무라이 계급의 필수 교양이 되어버린 다도 때문이다. 다완 중 가장 각광받았던 것은 조선에서 만들어진 정호 다완, 즉 이도 다완이었다. 물을 담으면 마치 샘물을 보는 듯한 편안함을 주기 때문에 우물을 뜻하는 일본어 '이도(井戶)'란 이름이 붙었다. 리큐의 제자 야마노우에 소지가 남긴 『산상종이기山上宗二記』에는 "이도 다완은 천하제일 고려 다완이다"라고 기록되어 있다.

1500년대 일본 다이묘들은 정치적인 이유로 다회를 열곤 했는데, 이도 다완을 사용하는 것을 무한한 자랑거리로 삼았다. 이도 다완과 자신의 성(城)을 바꾼 다이묘가 있을 정도였다. 당시 내전 중이던 일본에서 무공을 세우면 포상으로 토지를 받았는데, 토지

이도 다완, 서동규 作, 개인 소장(←)
연질백자 다완, 조선, 개인 소장(→)

ⓒ남승국

대신 이도 다완을 받기도 했다. 이도 다완의 소박하고 자연스러운 매력, 그리고 천하제일 이도 다완을 소유한다는 권력의 상징은 이들을 흥분하게 했다.

일본은 직접 도자기를 생산하고픈 열망이 강했다. 가장 먼저 일본 도자기의 기술 혁신을 이룬 것은 규슈 가라츠(唐津) 지역의 가라츠 도기, 즉 가라츠야키(唐津燒)다. 가라츠야키는 조선 침략 얼마 전에 이미 시작되었다. 16세기 규슈의 비젠(肥前), 가라츠 지역 다이묘였던 하타 치카시(波多親)는 도요토미 히데요시의 규슈 토벌 때 나베시마(鍋島) 가문과 함께 히데요시 편에 섰다. 히데요시가 다이묘 외교의 중요한 수단으로 다도를 이용하고 있다는 것을 알게 된 하타 치카시는 가문의 안위를 위해 다완을 만들기로 결심한다. 그는 히데요시의 다도 담당 가신으로 있던 리큐에게 다완에 대해서 배우는데, 이 중 고려 다완이라 불리는 조선 도자기에 대한 평가가 가장 높다는 것을 알게 된다. 조선과 빈번하게 왕래하던 하타 치카시는 조선 도공을 데리고 가라츠로 돌아와 가마를 연다.

1590~1610년 초창기 가라츠야키는 가마에 그릇을 넣을 때 흙으로 만든 알갱이를 몇 개 올리고 그릇을 포개어 구운 후 떼어내는 방식을 사용했다. 중국이나 일본에서는 보이지 않는 방식

가라츠 다완, 일본 나카자토(中里窯)
전시관 소장

으로 조선 도공들의 기술이다. 뿐만 아니라 경사면 지형을 이용하여 길게 가마를 짓고 중력에 의한 내부 공기 이동을 꾀한 노보리가마[登り窯], 유약 사용법 등 모두 조선 방식이다. 조선 민요(民窯)의 기술이 가라츠야키로 재탄생한 것이다. 일본 다도계에는 예부터 '첫째가 이도, 둘째가 라쿠[樂], 셋째가 가라츠'라는 말이 있는데, 라쿠를 제외하면 가장 선망받는 도자기는 조선 도공에 의해 만들어진 것이다.

하타 치카시가 히데요시에게 숙청되자 도공들은 보호자를 잃고 흩어진다. 이로부터 가마는 사가현(佐賀県)에서도 남쪽인 이마리(伊萬里), 다케오(武雄) 지역으로 그 중심이 이동한다.

하타 치카시가 조선에서 도공을 데려와 가마를 열고 조선계 도자기 생산에 성공한 것을 알게 된 여러 다이묘가 이후 조선 침략에 앞장선다. 도요토미 히데요시는 조선 출병을 명하면서 조선의 도공을 잡아오라는 문서를 남긴다. 7년에 걸친 전쟁 끝에 조선 침략은 실패했지만, 수많은 조선 도공을 납치해 올 수 있었다. 이 전쟁으로 세계도자기사에서 조선과 일본의 운명이 바뀐다. 그래서 임진왜란을 '도자기 전쟁'이라고도 한다.

아리타야키

1610년대에 드디어 일본에서 자기를 생산한다. 임진왜란 당시 나베시마 가문의 군대가 끌고간 조선 도공이 규슈 서쪽의 비젠국(肥前國) 아리타(有田, 현 사가현 아리타)에서 자기의 원료인 자석(磁石)을 발견한다. 백자를 만들 흙을 찾지 못한 조선 도공들은 이 돌을 가루 내서 침전시킨 후 흙처럼 가공해 백자를 만들어 냈다. 1610년대에서 1650년대 중엽까지 약 40년간 초기 조선 기술에 기초한 자기는 도기처럼 약간 두터운 형태였다. 조선 도공들이 만들어 낸 일본 자기는 아리타야키(有田燒), 이마리야키(伊萬里燒)로 불리며 유럽까지 진출한다.

아리타야키는 전 세계 자기 중에서 암석을 재료로 대량 양산 체계를 가진 유일한 자기이다. 조선 도공이 발견한 자석은 지금도 아리타야키의 재료로 사용되고 있으며, 당시 핵심 인물이었던 이삼평(李參平)은 아리타 도조(陶祖)로 추앙받고 있다.

아리타야키가 등장하기 전까지 일본은 중국 자기를 수입했다. 중국에서 청자가 유행할 때는 청자를, 백자가 유행할 때는 백자를 수입했다. 초기 아리타야키는 중국 수입품을 보충하는 정도였다. 최고급품은 중국 경덕진 자기였다.

초기 아리타야키는 조선인 도공에 의해 기술 이전된 것이므로, 조선에 없는 색채 기법을 사용한 그릇을 만들지 못했다. 그런데 아리타야키에 예상치 못한 행운이 찾아온다. 1640년대 명·청 교체기의 혼란으로 중국 자기 수입이 급감한 것이다. 명의 오채 자기 수입이 막히자 쇼군이나 다이묘에게 진상할 경덕진 자기를 구할 수 없게 됐고, 자연스럽게 아리타야키의 수요가 늘어났다.

가라츠 노보리 가마 가마터

그리고 경덕진의 도요지가 피폐해지자 중국의 도공들이 일본으로 건너온다. 1647년 전후 나가사키에 있던 중국 도공에 의해 드디어 중국의 도자기 기술이 이전된다.

    중국 도공에 의한 기술 이전에 힘입어 아리타야키는 중국 자기처럼 얇고 하얀 백자와 청자 생산은 물론, 채색 자기도 만들어 낸다. 이렇게 일본이 자랑하는 가키에몬(柿右衛門) 스타일이 만들어진다. 잘 익은 감(가키)의 색감이 특징적이어서 가키에몬이라는 이름이 붙은 이 자기는 순백색 자기 표면에 화려하고 정교한 그림과 선명한 채색을 넣었는데 강렬한 주황색, 녹색, 황색 등을 사용했다.

도조 이삼평상 아리타 도산신사(陶山神社)(↑)
이즈미야마(泉山) 자석장(↓)

중국 자기 수입이 멈춘 일본 도자기 시장은 중국 자기를 대신할, 중국 도자기 기술에 의한 중국형 아리타야키가 주류가 된다. 이후 시간이 흐르면서 중국풍 자기는 서서히 일본만의 독자적인 양식으로 변한다. 도자기 하단에 새기는 관지도 초기에는 중국의 연호를 사용했지만 드디어 일본 연호를 사용한다. 일본 연호 관지는 '연보년제延寶年製(1673~1681)'라는 에도시대 초기의 연호명부터 시작된다. 중국의 인물 문양을 넣어 수출하던 도자기도 일본풍으로 자리 잡는다.

아리타야키는 공예품으로 만들어진 것이 아니라 상품으로 발전했으므로, 시장 원리에 따라 소비자의 취향에 맞춰 서서히 변했다. 효율적인 자기 생산을 위해서는 표준화·간소화·전문화·분업화가 필요하고, 작업 표준에 기초한 기술자의 훈련이 중요하다. 작업 표준에는 설비, 기계, 도구의 사용 조건과 원료의 검사, 계량, 온도 처리법 등 구체적인 작업 매뉴얼이 정해져 생산량과 품질 표준이 관리되어야 한다. 이런 근대적인 작업이 에도시대의 아리타에서 완성된다.

한편 아리타야키의 기술 혁신에 힘입어 또 다른 형식의 자기가 생산된다. 쇼군과 조정에 진상하기 위한 나베시마야키(鍋島燒)다. 나베시마야키는 진상용이라 화려하고 정교하게 만들어져 실생활용품이라기보다는 예술품에 가깝다. 제조 과정의 비용 등을 고려하지 않고 최고급품을 만든다는 목적 아래 번주(藩主)가 직접 관할했다. 이렇게 만들어진 나베시마야키는 일본이 자랑하

아리타 가키에몬 오채완(五彩碗), 대만 국립고궁박물원 소장

아리타 가키에몬 오채접시, 개인 소장 ⓒ남승국

나베시마 청화접시, 현대 재현품, 개인 소장 　　　ⓒ남승국

는 도자기 예술의 정점을 이룬다. 조선의 기술로 시작되고, 중국의 기술에 힘입어 새로운 발전을 거듭한 후 가장 일본적인 그릇을 만들어낸 것이다.

유럽으로 건너간 일본 도자기

대항해시대, 후추에 열광했던 유럽인들은 후추가 흔해지자 새로운 사치품을 원했다. 새롭고 멋스러운 것을 찾던 유럽인의 눈에 띈 것은 커피와 차였다. 특히 커피와 차는 동양의 반짝이는 도자기를 뽐내는 데 더할 나위 없이 좋았다. 네덜란드는 발 빠르게 차와 차를 위한 중국 도자기를 대거 수입했다. 차와 중국 도자기만큼 큰 이윤을 남길 수 있는 물건은 없었다.

유럽은 세계로 진출하면서 아시아 지역을 동인도, 아메리카 지역을 서인도라고 불렀다. 1602년, 네덜란드는 아시아 방면으로 진출했던 동방무역회사들의 연합체인 주식회사 형태의 연합동인도회사 V.O.C.(Vereenigde Oostindische Compagnie)를 설립한다. 네덜란드 동인도회사는 직접 유럽인의 취향에 맞는 상품을 주문해 사들이기도 했다. 그래서 이들이 주문했던 동양의 자기에 머리글자인 V.O.C.가 새겨진 제품이 많이 전해진다.

네덜란드 동인도회사는 영국 동인도회사의 10배에 달하는 자본력을 바탕으로 막강한 세를 과시했다. 특허에 의해 독점적인 지위를 가졌고, 국가기관이나 다름없는 권한을 행사했다. 외국과 조약을 체결하고 화폐를 주조하며, 자의적으로 전쟁을 수행할 수 있었고 지방장관이나 사령관을 임명할 수 있었다.

먼저 중국에 들어가 있던 선박을 나포해 중국 자기를 강탈하는 등 포르투갈을 밀어낸 이들은 1609년에 바타비아(현 자카르타)에 거점을 마련했다. 이후 모든 아시아의 물품은 바타비아를 거쳐 네덜란드로 수송되는 시스템이 구축된다.

동인도회사는 가장 큰 이익을 가져다주는 중국차와 중국 자기를 사들여 본국으로 수송했으며, 1635년에는 나무로 만든 그릇의 샘플을 중국으로 보내 자신들이 원하는 그릇을 자기로 만들기에 이른다. 그러나 호시절은 오래가지 못했다. 1637년, 네덜란드 동인도회사 총독은 바타비아 상관(商館)에 차를 마시는 사람들이 점점 늘어나고 있으니 모든 배의 수하물에 중국차, 일본차 외에도 중국의 찻주전자를 수배하라는 통신을 보냈다. 1644년 바타비아 총독은 본국으로 보낸 편지에 중국에서 전쟁이 일어나 도자기를 얻기 힘들다고 적고 있다. 만주족이 명 왕조를 몰아내고 청나라를 세우는 대혼란기였다. 청은 바다 밖으로 나간 반란군을 막기 위해 해금령을 내렸으며, 이후 중국 남부 지방의 권력자(번왕, 藩王)였던 오삼계의 난(1650~1680)으로 경덕진은 파괴되었다. 네덜란드 동인도회사는 중국의 자기 재생산을 끈질기게 기다렸지만, 중국의 혼란은 계속되었다. 결국 1647년에 123,337점의 중국도자기를 수송한 게 마지막이었다. 그동안 중국 자기로 거대한 부를 축적하던 네덜란드 동인도회사 입장에서는 어떻게든 중국 자기를 대체할 새로운 도자기가 필요했다. 그렇게 10년 만에 찾아낸 대체품이 바로 일본 자기였다. 중국의 정치적 혼란이 일본에게는 기회였던 셈이다.

 1639년, 도쿠가와 막부는 나가사키의 데지마(出島)에 무역관을 두고 네덜란드와 제한된 교역을 시작했다. 데지마는 원래 포르투갈 상관을 위해 지어진 인공 섬이었다. 평등사상을 내세우는 포르투갈 예수회 선교사들의 선교는 원치 않고 서양 물건은 원했던 막부가 궁리 끝에 생각해 낸 묘안의 장소였다.

 도쿠가와 막부의 기독교 탄압이 심해지자 나가사키의 기독교 세력과 포르투갈이 반란을 일으키는 사건이 일어난다. 이때 네덜

17세기 네덜란드 무역 도자기 클랍무트klapmuts, 청, 대만 국립고궁박물원 소장

V.O.C. 문자가 새겨진 일본 무역 도자기

란드는 앞장서서 포르투갈인들을 진압하는 등 도쿠가와 막부의 환심을 사 데지마의 새 주인이 된다. 선교에는 관심 없고 오직 이익에 따라 움직이는 네덜란드 상인과 도쿠가와 막부는 밀접한 관계를 맺을 수 있었다. 이후 네덜란드는 일본과 유럽을 잇는 가교 역할을 하면서 일본의 근대화와 유럽 문화 수입의 통로가 된다.

1657년, 데지마의 네덜란드 상관은 바타비아 총독으로부터 일본에서 만드는 최고급 자기의 샘플을 크기와 종류에 따라 수집해서 보내라는 명령을 받았다. 중국이 더 이상 도자기를 수출하지 않으므로 일본 도자기를 사들여 본국에서 비싸게 팔 수 있는지 알고 싶었던 것이다. 1658년, 데지마의 네덜란드 상관에서 수집한 도자기 샘플은 네덜란드로 보내졌고, 1659년 10월 네덜란드 동인도회사는 일본에 자기 56,700개를 주문했다.

네덜란드 동인도회사는 1659년부터 1683년까지 공식적으로 일본 도자기를 수입해서 본국과 프랑스 등 유럽에 공급한다. 1684년에 중국 도자기 수출이 재개되자 일본 도자기 수출은 주춤하지만, 1757년까지 중국인 상인에 의한 사무역과 네덜란드 이외의 지역으로의 수출이 이어진다.

중국 도자기의 부재라는 틈새가 불러일으킨 일본 도자기의 유럽 진출은 100여 년간 지속되면서 약 370만 점의 도자기가 유럽에 자리 잡게 되었다. 16세기까지 자기를 만들 수 없어 수많은 조선 도공을 납치해야만 했던 일본은, 조선 기술로 자기를 만들고 중국 기술로 채색 자기를 생산해서 순식간에 제2의 도자기 나라가

아리타 금채화훼산수접시(描金花卉山水盤), 대만 국립고궁박물원 소장

백유 금채 합(十八世紀法國賽佛爾窯白釉金彩花卉瓷罐),
18세기 프랑스, 대만 국립고궁박물원 소장

18세기 독일 오채 찻주전자 재현품, 개인 소장　　　　　ⓒ남승국

되어 유럽 시장에 새바람을 불어넣는다.

유럽으로 간 일본 자기는 처음부터 주문생산에 의한 것이므로 유럽인의 취향이 반영된 제품이 많았다. 알파벳 문자나 상류층 가문의 문장, 유럽 풍경이 들어간 것 등이 그렇다. 또한 오랫동안 중국 도자기를 사용했던 만큼 중국 도자기의 이국적인 문양이 들어간 것도 있다.

초창기 이마리항을 통해 수출된 아리타 백자는 유럽인이 그간 사용하던 중국 청화백자와 유사한 것이었다. 이 수출 시기에 만들어진 이마리야키를 고이마리(古伊萬里)라고 부른다. 고이마리야키는 중국식도, 조선식도, 일본식도 아닌 유럽식 중국풍 도자기라고 볼 수 있다. 수출용 고이마리야키가 일본 내에 유통된 경우는 매우 적었다. 그래서 현재 일본 소장가들은 유럽에 가서 값비싼 골동품 가격으로 일본 도자기를 사와야만 한다.

시간이 흐르면서 좀 더 일본적인 자기가 만들어지는데, 명대 오채 자기를 일본식 채색 자기로 만든 가키에몬의 탄생이다. 유럽인들이 이 신기한 새로운 동양 도자기를 수집하는 데 열광하면서 '자포니즘(Japonism)'이라는 일본풍 유행까지 일어났다. 일본의 이마리야키는 르네상스 미술에 깊은 영향을 끼칠 정도로 유럽에 신선한 문화 충격을 안겼다.

동양 도자기는 유럽 상류층의 우아한 티타임을 위한 필수품이 되었다. 중국과 일본 도자기를 수입해서 부를 쌓을 수 있었지만 도자기를 구해오는 비용과 위험도 만만치 않았다. 유럽에서 직접 도자기를 생산한다면 금방 어마어마한 부를 이룰 수 있었다. 오랫동안 많은 유럽인이 도자기 제조 비법을 알고 싶어 했지만 그 비밀을 풀지 못했다. 그러다 마침내 에렌프리트 발터 폰 취른하우스(Ehrenfried Walter von Tschirnhaus)가 1708년에 이 신비한 비밀을 푼다. 그에게 온 행운은 고향 드레스덴 근처 콜디츠에서 도자기를 만들 수 있는 하얀 고령토가 발견된 것이다. 드디어 유럽에서 최초이자 가장 유명한 마이센(Meissen) 자기 공장이 탄생한다.

    산업혁명과 함께 유럽은 모든 면에서 눈부신 발전을 이룬다. 도자기 생산도 급속도로 발전하고 최고급 테이블웨어, 최고급 티세트를 소비해 줄 시장도 급격하게 확장된다. 이후 도자기의 생산과 소비의 중심이 동양에서 유럽으로 완전히 기울게 된다. 도자기의 나라 중국, 제2의 도자기의 나라 일본은 유럽 도자기의 빛나는 발전을 바라볼 수밖에 없었다. 오늘날 중국과 일본은 여전히 도자기를 생산하지만 유럽 명품 도자기의 최대 소비국이기도 하다.

조선 선비, 차를 구걸하다

　　조선 후기 차문화의 부흥은 당시 최고의 석학이었던 다산과 추사와 깊은 연관이 있다. 이 두 사람은 공통적으로 오랜 유배 생활을 했다. 그리고 유배 기간에 위대한 학문적 성과를 이룬다. 시대마다 유배 가는 대상이나 내용이 달라지기는 하나 조선시대 유배의 대부분은 지식인의 정치적 당쟁(黨爭)이 원인이었다. 당쟁으로 정권 장악에 성공한 자들이 정치권력을 유지하기 위해 상대 파벌과 핵심 인물을 멀리 유배 보내는 일은 흔했다. 유배라는 징벌을 받은 이들은 이제까지 경험하지 못했던 절망, 고립, 고독과 빈곤을 경험한다. 다산과 추사 역시 이런 험난한 시기를 겪었는데, 그들의 유일한 위안은 차였다.

다산의 걸명

　유배를 떠난 이들은 정신적·육체적으로 매우 피폐한 상태였다. 없던 속병이 생기고 울화가 불쑥불쑥 치솟고 소화도 잘 안 됐다. 정신적인 스트레스가 극도로 강해지면 없던 병도 생기기 마련이다. 강진으로 간 다산 정약용이 그랬고 제주로 간 추사 김정희가 그랬다. 증세는 달랐으나 이들은 유배 내내 혹독한 지병에 시달렸다. 그나마 차를 마시면 한결 나아지니 차에 의존할 수밖에 없었다. 사정이 이러했던 탓일까? 자존심 강하고 깐깐하기로 유명했던 정약용은 차를 구하는 데만큼은 애절했다. 다산초당과 이웃해 있는 만덕사(현 백련사)로 수시로 차를 구하는 글을 보냈다. 그곳에는 유배지에서의 벗이자 차 만드는 아암(兒菴) 혜장(惠藏) 스님이 있었다.

　차를 보내달라고 요청하는 '걸명(乞茗)'에 관한 글은 주로 차를 만들던 스님들에게 선비들이 보내는 편지글이다. 시문 형식도 있고, 대놓고 요구하는 장문의 요청서도 있다. 반면 '사다(謝茶)'는 보내준 차를 받고 고맙다고 답장한 것이다. 중국의 차에 관한 시에는 사다에 대한 내용은 수없이 등장하지만, 걸명 시문은 거의 찾아볼 수 없다. 우리의 경우 차가 워낙 귀해 구하기 어려웠던 데다가 차 만드는 사람은 몇 안 되던 당시 상황 때문에 다산의 아암에 대한 걸명문 이후 수없이 많은 차를 구하는 걸명의 글이 남아 있다.

다산은 1805년 봄 아암에게 차를 달라는 애절한 마음을 시로 적어 보낸다.

>전해 듣자니 석름봉 아래서
>예로부터 좋은 차가 난다던데
>지금은 보리 익을 계절인지라
>기(旗)도 피고 창(槍)도 돋아났겠네
>궁한 살림 굶는 것이 습관이라
>누리고 비린 것은 비위가 상해
>돼지고기와 닭죽 같은 음식은
>호사로워 함께 먹기 어렵고
>더부룩한 체증이 아주 괴로워
>이따금 술 취하면 깨지 못한다네
>스님의 숲속 차 도움 받아
>육우의 차솥을 좀 채웠으면
>보시하여 병만 낫게 만들면야
>물에 빠진 자 건져줌과 뭐가 다르겠는가
>불에 쪄 말리기를 법대로 해야
>우렸을 때 빛깔이 해맑으리라
>
>『여유당전서與猶堂全書』

석름봉은 만덕산 만덕사 서쪽 봉우리로 정약용이 지냈던 유배

다산 초상

지의 산이다. 주변에 차나무가 많아 사람들은 다산(茶山)이라 불렀고, 정약용의 호 다산도 여기에서 기인한다. 그는 마음에 맺힌 울결로 내내 체증이 심했다. 비위가 좋지 않아 기름진 음식은 가까이 할 수 없었고, 그나마 잘 마시지 않는 술이라도 마시면 좀처럼 취기가 가시지 않고 머리가 아팠다. 속은 늘 더부룩하여 불편하니 차를 마셔야 그나마 숨통이 트였다. 다산은 차 마시고 병세만 좋아진다면 물에 빠져 죽을 위기에 놓인 사람 구한 것과 같은 심정이라며 애잔하게 차를 구걸한다.

같은 해 겨울, 또다시 차를 청하는 호소의 글 「걸명소乞茗疏」를 보낸다. 서두부터 익살맞다. 스스로 다도(茶饕)가 되었다고 표현했다. 도(饕)는 고대 상상의 동물 도철(饕餮)인데, 탐욕스럽고 흉악한 성질을 가졌다. 다산 스스로 차에 대해 욕심 많다는 것을 인정하는 대목이다. 수컷 누에도 자신을 뜻하는 것인데, 최면기에서 깨어난 상태의 누에는 극도로 굶주려 있기 때문에 주변 뽕잎을 정신없이 갉아먹는다. 여름날 소나기 오는 소리를 내며 누에가 뽕잎을 먹어치우듯, 다산 또한 찻잎을 찾는다는 뜻이다.

> 나그네는 요즘 들어 다도(茶饕)가 된 데다, 겸하여 약으로 삼고 있소. 글 가운데 묘한 깨달음은 육우의 『다경』 세 편과 온전히 통하니, 병든 수컷 누에는 마침내 노동의 일곱 사발 차를 다 마셔버렸다오. 비록 차가 정기를 고갈시킨다는 기모경의 말을 잊지는 않았으나, 마침내 막힌 것을 뚫고 고질을 없앤다고 한 이찬황의 벽(癖)을 얻었다 하겠소.
> 아침 해가 막 떠오르매 뜬 구름은 맑은 하늘에 환히 빛나고, 낮잠에서 갓 깨어나자 밝은 달빛은 무른 냇가에 흩어진다.
> 잔 구슬 같은 찻가루는 눈발처럼 흩날려, 산 등불에 자순(紫筍)의 향을 날리고, 숯불로 새로 길은 샘물을 끓여, 들에서 백토차의 맛을 올린다.
> 꽃무늬 자기와 붉은 옥으로 만든 그릇의 화려함은 비록 노공(潞公)만 못하고, 돌솥 푸른 연기의 담박한 운치는 한유보다 많이 부족하다네.

해안어안(蟹眼魚眼)을 즐김은 옛사람과 한결같이 깊은데, 귀한 용단
봉단(龍團鳳團)은 궁궐에서 나눠줌을 이미 다했소.
지금 몸에는 병이 있어, 오직 차를 청하는 마음을 편다오.
고해(苦海)를 건너가는 비결은 보시를 가장 무겁게 치고, 명산의 고
액(膏液)은 상서로운 풀의 으뜸인 차만 한 것이 없다고 들었소. 애타
게 바라는 마음 마땅히 헤아려, 아낌없이 은혜를 베풀어주기 바라오.

같은 해에 두 번 씩이나 차를 구걸하는 다산은 진정 차 욕심이 많았다. 차가 몸에 해롭다고 주장했던 당대 기모경(綦母㫈)의 말도 알고 있으나, 자신은 차가 체증을 낫게 한다는 당대 이찬황(李贊皇, 이덕유)의 입장에 서 있으며, 송대의 문언박(文彦博)처럼 화려한 찻그릇도 한유(韓愈) 같은 운치도 없지만 차를 끓이는 해안어안(물이 끓는 모습)을 즐김은 옛사람과 같으니 스님이 나를 위해 아낌없는 차 보시를 하라는 애절한 글이다.

다산은 유배 이전부터 차를 마셨다. 홀로 마시기도 했고, 때로는 가족들과, 때로는 벗들과 어울려 마시기도 했다. 경치 좋은 정자에서도 유람을 떠날 때에도 행장에는 차가 빠지지 않았다. 성균관 시절은 물론이며 왕과 함께 창덕궁 후원의 부용정에서도 차를 마시며 군신의 정을 나누었다. 유배를 떠나기 이전까지는 여느 선비들이 차를 즐기듯 다산도 그렇게 차를 즐겼다. 차 마시는 정취와 그것을 함께 나누는 벗들이 있으니 차향은 더욱 향기로웠다. 그러나 유배 이후 그에게 있어 차는 유희의 의미보다는 병을 치료

하는 약이었다.

한번은 아암이 다산에게 차를 주기로 하여 차를 만들어 놓고는 보내지 않았다. 제자인 색성(賾性)이 차를 만들어 이미 다산에게 주었다는 것을 알았기 때문이다. 이에 다산은 차를 보내지 않은 아암을 원망하며 차를 보내줄 것을 요구한다.

  옛날 문여가(송 문중여文興中)는 대나무를 탐했고,
  오늘날 탁옹(籜翁)(정약용)은 차를 즐긴다.
  하물며 그대는 다산(茶山)에 사니,
  온 산에 자순이 돋아났으리.
  제자의 마음 씀은 저리도 후한데,
  선생의 예법은 매정도 해라.
  백 근을 준데도 마다하지 않을 텐데,
  두 꾸러미 주는 게 뭐가 어때서.
  술이 달랑 한 병뿐이면,
  어이해 깨지 않고 길이 취하리.
  유언충(劉彦沖)의 찻그릇 이미 비었고,
  미명(彌明) 도사의 솥도 쓸 데가 없네.
  이웃에 설사병 든 자가 많은데,
  찾아오면 무엇으로 구제할 것인가.
  오직 다만 벽간월차(碧澗月茶)로 부응하여,
  구름 속 맑은 얼굴 토해내시게.

당나라 공다원이 있었던 고저산을 다산이라 불렀고, 고저산의 명차가 자순차이다. 아암이 기거하는 곳에서 자순차가 생산된 것은 아니나 오래전부터 차나무가 많은 곳이어서 다산이라 불렀고, 그곳의 좋은 차는 정약용에게 있어 자순차 못지않은 차였다. 다산은 아암에게 야박하고 매정하다며 야속해 하는 자신의 마음을 그대로 표현한다. 화려한 도자기 그릇이건 질박한 돌솥이건 차가 있어야 제 몫을 다하는데 찻그릇이 비었다고 하소연한다. 그리고 그 차는 자신만의 것이 아니라 설사병으로 고생하는 이웃들을 위한 것이기도 하다며 더 많은 차를 달라는 구걸의 정당성을 슬쩍 제시한다. 물욕 없고 청렴하기로 유명한 다산이지만 차만큼은 예외였다. 그만큼 절실했다. 고단한 유배 생활에서 몸과 마음을 치유하기 위해서는 차가 꼭 필요했다.

다산이 차를 얻어 마시기만 한 것은 아니다. 직접 차를 만들었고, 제자들에게 차 만드는 법을 알려주기도 했다. 당시 다산은 잎차도 마셨지만 주로 떡차를 마셨다. 떡차는 다병(茶餠)이라 했는데, 찻잎을 세 번 찌고 세 번 말려서 빻아 만들었다. 집 옆으로 흐르는 돌샘으로 반죽해 진흙처럼 완전히 뭉개지게 찧어, 동그랗고 작은 떡 모양으로 만들었다. 모양 틀을 사용하기도 했으며 가운데 구멍을 내어 꿰어 보관하기 쉽도록 했다.

차를 만드는 방법은 강진 유배 시절 막내 제자 이시헌(李時憲)에게 보내는 편지에 기록이 남아 있다. 다산에게 차 만드는 방법을 배운 이시헌은 다산이 강진을 떠나 고향으로 돌아간 후에도 계속해서 차를 만들어 보냈다. 그는 다산이 죽고 난 뒤에도 다산의 생가인 두릉으로 차를 보냈는데, 스승에 대한 그리움을 담아 다산의 가족들에게 보낸 것이다. 다산이 작고한 지 20여 년이 지난 후에도 이시헌과 다산의 큰아들 정학연이 편지를 주고받았는데, 이때도 어김없이 차를 받아 감사하다는 내용이 들어 있다.

추사의 걸명

다산의 걸명보다 더 강력하고 호소력 있게 차를 구걸한 사람이 있었으니 바로 추사 김정희이다. 추사는 이미 청년 시절부터 차맛에 일가견이 있었다. 그의 부친이 동지부사로 북경에 갈 때 수행하여 북경에서 대학자인 옹방강(翁方綱)과 완원(阮元)을 만난다. 당시 옹방강은 청나라 고증학의 일가를 이룬 78세 노학자로 당대의 금석학, 서예, 경학의 대부로 연경학계의 원로였다. 그는 동방에서 온 24세 청년이 자신과의 학문적인 대화에서 전혀 밀리지 않음에 놀라워했다. 멀리서 찾아온 명석한 젊은 손님에게 최고의 차맛을 보여주고 싶었다. 그리하여 당시 가장 인기 있고 귀한 용단승설차(龍團勝雪茶)를 완원의 서재에서 청년에게 선보였다. 차맛을 본 추사는 그 맛과 향을 평생 잊을 수 없었다. 조선으로 돌아온 추사는 변함없이 차생활을 즐겼다. 순간순간 떠오르는 용단승설차의 맛, 그 향취를 잊지 못하여 스스로 승설도인(勝雪道人)이라

죽로지실 탁본, 추사박물관 소장

는 호를 쓰기도 했으며, 차에 대한 애정을 담은 다문(茶門), 일로향실(一爐香室) 등의 호를 사용했다.

 추사의 차에 대한 애착은 초의선사를 통해 본격적으로 드러난다. 추사는 동갑내기였던 초의와 무려 40여 년 동안 우정을 이어가는데, '차'라는 매개체가 독보적인 역할을 했다. 초의는 추사의 제주도 유배 시절 매해 차를 선물로 보냈을 뿐만 아니라 추사의 거듭된 요청에 제주도로 건너가 반년 동안 함께 지내기도 했다. 당시 바다를 건너는 일이 목숨을 건 행로임을 생각했을 때 두 사람의 우정과 신뢰가 얼마나 도타웠는지 가늠할 수 있다. 추사는 초의에게 차를 선물 받고 감사의 표시로 대작인 명선(茗禪)과 일로향실 편액 등 차와 관련된 글씨를 선사했다.

 추사 역시 다산과 마찬가지로 유배지에서의 건강 상태는 좋지 않았다. 극도로 열악한 환경에서 생활하다 보니 몸이 몹시 쇠잔해졌고 풍토병(瘴氣)까지 합세해 온갖 질병으로 고생했다. 그에게도 차는 몹시 귀한 약이었다. 추사는 초의에게 걸명하는 편지를 많이 보냈는데, 때로는 애절하게 때로는 명령하듯 차를 달라고 졸랐다.

> 원래 서찰은 차를 부탁하는 것이었소. 이곳에서 차를 구하기 어렵다는 것은 스님도 아시는 것이오. 스님이 법제한 차는 당연히 해마다 하는 일이니 더 말할 필요가 없지요. 그 절에서 만든 소단(小團) 30~40편 중에서 좋은 것을 가려 보내주시길 간절히 바랍니다.

걸명 편지는 여기에 그치지 않는다. 햇차가 나올 때가 되었는데 왜 보내주지 않느냐는 독촉, 보낸 차가 너무 적다는 투정, 차를 보내주기로 했다는 어느 스님의 차바구니를 뒤져서라도 꼭 보내라는 협박 아닌 협박, 햇차를 혼자서만 마시고 있느냐며 자기 생각은 안 하는 것이냐는 투정은 물론 몽둥이찜질을 하겠다고 으름장을 놓기도 했다. 비록 같은 연배이지만 대학자와 승려라는 신분의 차이, 스승과 제자라는 입장의 차이도 있고 두 사람의 깊은 친분이 깔려 있기 때문에 쓸 수 있는 편지이다.

추사는 당시 중국을 드나들던 역관이었던 제자 이상적(李尙迪)과 오경석(吳慶錫) 등에게서도 중국차를 구했는데, 이상적에게 쓴 걸명 편지는 초의에게 보내는 글과 다르게 겸허하고 부드럽다.

> 지금쯤은 손님을 보내고 한가롭겠네그려. 일체 바깥과 교섭이 없고

보니 이 마음이 쏠리는 것은 날마다 그대의 곁이라네. 녹음은 하마 눈에 가득한데 두루 잘 지내시는가. 내 모습을 돌아보면 줄곧 침울하기만 하네. 계수의 상례도 어느새 끝나고 보니 구슬픈 마음을 이기지 못하겠네. 늙은 홀아비의 형편이 갈수록 걱정이 되지만 어쩌겠는가. 먹던 차가 다 떨어졌는데 달리 청할 곳이 없네그려. 게다가 만나는 사람마다 말할 수 있는 것도 아니지 않는가. 내 생각에 자네의 묵은 주머니 속에도 필시 남지 않았을 텐데, 미생고의 식초가 비록 성인께서 나무라신 바이나, 있든 없든 서로 도운 것은 또한 그의 부득이함 때문이었을게요. 이에 번거로움을 무릅쓰니 살펴주시기 바라네. 이만 줄이네.

차가 다 떨어졌으니 가지고 있는 것이 있으면 보내주고, 없으면 주변에서 구해서라도 보내달라는 것이다. 미생고의 식초란 『논어論語』에 등장하는 이야기다. 어떤 이가 미생고를 찾아가 식초를 빌리려 하니, 마침 본인도 가진 식초가 없어 이웃에게서 얻어 빌려주었다는 내용이다. 공자는 이를 남의 비위를 맞춰 생색내니 정직하지 못하다고 했다. 그러나 추사는 그런 이야기를 떠나 차 없이 살아갈 수 없는 자신의 사정이 급하니 꼭 차를 구해 달라고 부탁하는 것이다. 차를 떠나서 살 수 없는 추사의 마음이 고스란히 녹아 있다.

다산과 추사는 조선시대에서 가장 중요한 차인으로 꼽는다. 당시 최고의 명예와 지위를 얻었던 사람들이기도 하다. 그럼에도 차를 구하기 위해 구걸하는 모습이 애처롭기까지 하다. 그만큼 차는 그들에게 건강상의 이유로 정서적인 이유로 또 인간관계적인 이유로 중요했을 것이다. 굴곡 많은 인생을 살면서 찻잎이 주는 향기로움이 있었기에 그들은 또 그 힘든 상황을 버티고 이겨냈을 것이다. 차는 조선의 대학자들이 선택한 치유의 약이었던 셈이다.

차향으로 맺은 인향

브라질의 어느 꽃밭을 노닐던 나비 한 마리가 날갯짓을 했다. 이 날갯짓은 대기의 흐름에 미약하게 영향을 준다. 이 영향은 시간이 지날수록 증폭을 거듭해 마침내 미국을 강타하는 토네이도 같은 엄청난 결과를 불러일으키기도 한다. 이것이 바로 나비효과(butterfly effect) 이론이다. 조선 차문화에도 나비효과를 일으킨 이가 있다. 바로 정약용이다.

자신의 일생의 행적을 적은 묘지명(墓誌銘)에 스스로 호는 사암(俟菴)이며 당호는 여유당(與猶堂)이라 했다. 하지만 지금은 모두 그를 다산(茶山)이라 부르고 있다. 조선의 차나무산 다산에서 보낸 기나긴 유배 생활은 정약용에게는 크나큰 고행이었지만, 그곳에서 위대한 학문적 성과를 이루었으니 후대인에겐 선물일지도 모르겠다. 그리고 그의 유배는 조선 후기 차문화의 부흥을 가져다준 뜻밖의 사건이었다. 조선의 차나무가 자생하는 곳, 조선 방식의 차가 나는 곳, 그곳에서 만난 차의 명인들은 정약용으로 인해 한양의 최상위층 선비들을 만났으며 그 만남으로 조선의 『다경』인 『동다송東茶頌』이 탄생했다.

차로 맺은 인연

정약용의 젊은 날은 찬란했다. 정조의 총애를 받으며 개혁 정책의 중심에서 민본(民本)을 바탕으로 자신의 뜻을 펼쳤다. 그러나 1800년 정조가 갑자기 세상을 뜨면서 정약용의 운명도 180도 달라졌다. 왕이 승하한 이듬해 사화(士禍)가 일어나면서 주변 인물들이 참화 당했고, 형 정약종(丁若鍾)도 참수당했다. 집안은 폐족이 되었고, 겨우 목숨을 부지한 정약용에게는 유배라는 형벌이 내려졌다. 얄궂게도 차로 맺어진 대를 물린 인연은 정약용이 유배지인 강진으로 향하는 배에 올라타면서 시작된다. 그리고 이 인연은 후에 조선 차문화의 의미와 방향을 새롭게 하는 초석이 된다.

다산이 강진에서 맺은 첫 인연은 다산초당 근방 만덕사의 승려 아암 혜장이었다. 두 사람은 다산이 초당에 머물기 전부터 차를 마시며 교유했다. 아암에게는 대흥사 시절의 인연이 있었으니 바로 초의선사였다. 다산이 초당에 정착한 이듬해인 1809년 아암

초의, 〈다산초당도〉, 개인 소장

은 다산과 초의 두 사람이 만나도록 알선했다. 초의는 출가 이후 여러 해 동안 영호남을 주유하며 덕이 깊은 석학과 연을 맺고자 노력했으나 별다른 소득이 없었다. 9년간 남쪽 지역 1백 고을을 주유하며 유명하다는 학자들을 쫓아다녔으나, 막상 가서 만나보면 번번이 실망했다. 그러던 중 다산을 만나 깊은 덕망과 학식에 매료되었다. 이후 다산과 초의는 사제의 연을 맺고 지속해서 왕래한다. 다산은 초의에게 『주역周易』과 『논어』 등의 유교 경전을 가르쳤고, 차에 대한 조언도 해주었다.

한번은 초의가 다산을 찾아가려는데 장맛비에 냇물이 불어 나설 수 없게 되었다. 그렇게 20여 일이나 발이 묶여 있다가 겨우 날이 개어 진즉에 싸둔 봇짐을 지고 기쁜 마음으로 길을 떠났다. 봇짐에는 스승에게 드릴 차가 들어 있었다. 그러나 가는 길에 또다시 폭우가 시작되어 다시 되돌아와야 했다. 초의는 차라리 날개가 있어 스승이 있는 곳으로 날아가고 싶다는 내용의 글을 남긴다. 그들은 그렇게 먼 길을 오가며 사제의 정을 나누었다.

초의가 다산의 가르침을 받다가 대둔사로 돌아가며 「탁옹 선생께 받들어 올리다奉呈籜翁先生」라는 시를 올리는데, 정약용에 대한 존경심이 얼마나 깊었는지 알 수 있다.

> 그릇이 크면 원래 수용되기 어려운 법
> 어려움에 처해서도 온화하고 평안하셨네.
> 내 이러한 도리를 구하기 위해
> 멀리서 찾아와 정성을 모두 쏟았네.
> 이제 이렇게 헤어지는 자리에서
> 옷깃을 걷어 가르침을 청하노니
> 작별하는 말씀을 혹 내리시면
> 가슴에 깊이 새기고 허리띠에다 써 넣으리라.
>
> 『초의시고草衣詩稿』

1812년 9월에는 다산과 초의 그리고 다산의 제자 윤동(尹峒)이 함께 백운동·월출산 유람을 떠난다. 다산은 그림에 재주가 있는 초의에게 백운동의 아름다움을 화폭에 남기도록 했고, 이때 그린 화첩인 〈백운첩白雲帖〉에는 다산이 거주하던 초당을 그린 〈다산초당도〉도 있다. 〈다산초당도〉로 초당의 원형을 볼 수 있다. 초당은 꽃과 나무가 보기 좋게 우거지고, 자연에 둘러싸여 차를 끓여 마시기 좋은 공간이었다. 연못에는 강진 앞바다의 돌로 만든 석가산이 자리했다. 연못 좌우에 동암과 서암 두 채의 초가집이 자리하고, 바위 벽에는 '정석(丁石)'이라고 새겼다.

인연은 인연의 꼬리를 물고

아암을 통한 다산과 초의의 만남을 시작으로 조선 후기 대표적인 차 인연들이 사슬처럼 이어진다. 초의는 다산의 맏아들 정학연(丁學淵)과 친분을 맺었다. 1815년 겨울, 정학연은 첫 상경한 초의가 열악한 환경의 수종사에서 겨울을 나는 것이 어렵다고 생각해 수락산 학림암에 거처를 마련해준다. 이로 인해 초의는 해붕 스님을 모시고 학림암에서 생활하게 되었는데, 마침 눈길을 헤치고 노스님을 찾아온 추사 김정희를 만난다. 19세기 조선의 학계와 문단, 서단(書壇)과 화단(畫壇)을 움직였던 천재 학자이자 예술가 김정희의 집안은 불교 신앙과 매우 밀접했다. 김정희의 아버지 김

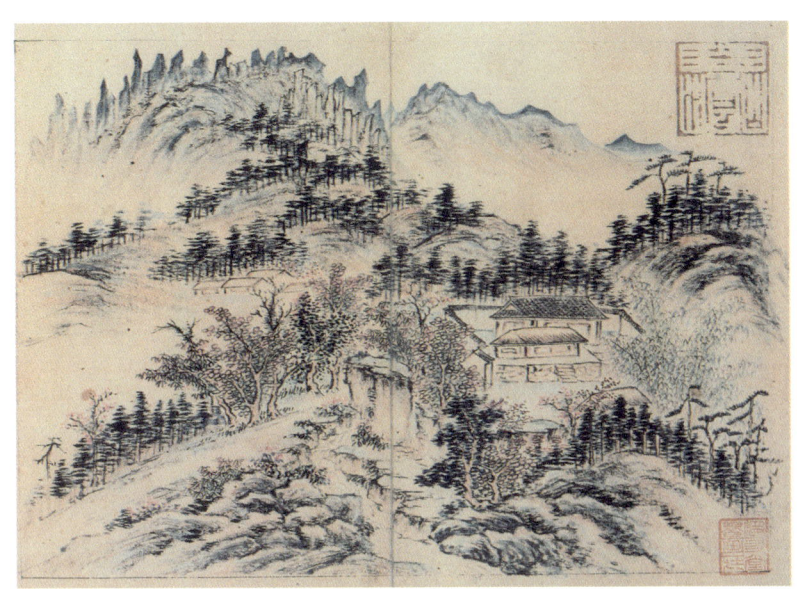

초의, 〈백운동도白雲洞圖〉, 개인 소장

노경(金魯敬)과 학림암의 해붕 스님이 가까운 사이여서 30세의 젊은 김정희가 스님을 찾아온 것이었다.

> 옛날 을유에 해붕 노화상을 모시고, 수락산의 학림암에서 겨울을 보내고 있었다. 하루는 추사가 눈길을 헤치고 노스님을 찾아와 깊이 토론하고, 하룻밤을 학림암에서 보내고 돌아갔다.
> 초의, 『해붕대사화상찬발海鵬大師畵像贊跋』

초의와 추사의 첫 만남이다. 그들의 40년 우정은 이렇게 시작

『동다송』 필사본 다송자본

되었다. 정학연이 이들 사이에 다리를 놓은 셈이다. 통신도 교통도 불편한 시절이라 서로 만나기란 쉬운 일이 아니었다. 초의는 2년 뒤인 1817년 6월에 대둔사 화재로 소실된 천불상을 조각하기 위해 경주의 불석산으로 왔다가 추사가 경주에 왔다는 말을 듣고 기다렸으나 이미 서울로 올라간 뒤라 만나지 못했다. 초의는 추사와의 우정을 "서로 사모하고 아끼는 도리를 잊지 못했던 사이"라고 추억했다. 그들 사이에 오간 무수한 편지글 속에는 늘 깊은 우정이 담겨 있었다.

    1830년, 초의는 스승 완호의 탑명(塔銘)을 받기 위해 두 번째 상경 길에 올라 추사의 집에 머물며 사대부들을 만났다. 하지만 추사의 부친 김노경이 고금도로 유배되는 상황인지라 마음 편히 있기는 어려웠다. 대신 숙선 옹주의 남편으로 정조의 사위인 홍현주의 별서 청량산방으로 거처를 옮긴다. 이를 계기로 홍현주가 주최한 청량산방 시회에서 그의 시와 초의차의 명성이 세상에 알려진다. 홍현주는 부마 신분의 최상위층 사대부로 예술적 감각이 비범했던 풍류인이었는데, 가족이 함께 모여 차를 마시며 연시(聯詩)를 지을 정도로 차 마시는 문화에 익숙했다. 초의는 비록 신분이 낮은 승려였지만, 학식을 갖추었으며 차를 잘 만들었기 때문에 한양의 사대부들과 만날 수 있었다.

    중국에는 육우의 『다경』이 있고, 일본에는 난보소케의 『남방록』이 있다면, 한국에는 초의의 『동다송』이 있다. '동다(東茶)'는 우리나라 차를 말하고, '송(頌)'은 찬송한다는 뜻이다. 한국의 다서 『동다송』은 홍현주의 부탁으로 탄생한다. 초의가 한국의 다성(茶聖)으로 불리는 이유는 바로 『동다송』의 저자이기 때문인데, 홍현주가 그에게 특별 주문하지 않았다면 책으로 나오지 않았을 것이다. 초의는 차의 외형에서 시작하여, 차의 역사를 정리하고, 조선 차의 우수함, 차의 효능, 끓이는 방법까지 총정리했다.

    다산과 아암의 차 인연이 초의로 이어지고, 초의는 승려라는 신분의 차이를 넘어서서 조선 최고의 상류층과 교유할 수 있었으며, 이들과의 교유로 인해 조선의 차 전문서 『동다송』이 태어난다. 정약용의 강진행, 그것은 조선 차문화 나비 효과의 시작이었다.

용단승설의 시간 여행, 북송에서 조선으로

용단승설을 기록하다

1846년, 충청도 덕산현으로 부친의 묫자리를 보러 간 흥선대원군 이하응은 고려시대에 창건한 가야사 5층 석탑에서 뜻밖의 보물을 발견한다. 불상과 불경, 사리와 침향, 진주 그리고 사방 2.35센티미터, 두께 1.2센티미터 내외의 네모난 떡차 네 덩이다. 그중 한 덩이를 역관 이상적이 얻었다. 이상적이 얻은 떡차는 고려로 온 후 부처님께 봉헌되었던 북송 휘종 황제의 용봉단차였다. 차를 사랑했던 이상적은 어떠한 이유로 그 귀한 차가 오랫동안 숨어 있었는지 연원을 추적하여 기록을 남긴다.

기용단승설(記龍團勝雪)

용단차 한 덩이는 한 면에 용의 형상을 만들어, 비늘과 수염이 은은히 일어났다. 승설(勝雪)이란 두 글자가 있는데 해서체의 음각문이다. 건초척(建初尺)으로 가늠해서 사방 한 치이고, 두께는 그 절반이다. 근래 석파 이공께서 호서의 덕산현에 묫자리를 살피러 갔다가 고려시대의 옛 탑을 찾아가 소동불과 니금 경첩, 사리와 침향단 및 진주 등과 용단승설 네 덩이를 얻었다. 근래 내가 그중 하나를 얻어 간직했다.

구양수의 『귀전록歸田錄』을 살펴보니, "경력 연간에 채군모(蔡君謨, 채양)가 처음으로 소품룡차(小品龍茶)를 만들어 바치면서 소단(小團)이라 했다"고 했다. 『잠확유서潛確類書』에는 "선화 경자년에 정가간이 은선빙아(銀線冰芽)를 처음 만들었다. 사방 한 치의 새 덩이차를 만들었는데, 작은 용이 그 위에 꿈틀꿈틀 서려 있어 이름을 '용단승설'이라 했다"고 했다. 또 『고려도경』을 살펴보니 "고려의 토속차는 맛이 쓰고 떫어 도무지 마실 수가 없다. 다만 중국의 납차와 용봉사단만을 귀하게 여긴다. 직접 하사품으로 받은 것 외에 장사꾼도 통상하여 팔므로 근래 들어 자못 차 마시기를 좋아하고, 또한 차도구도 갖추었다"고 했다. 대개 인종 때에는 이미 소룡단(小龍團)이 있었던 것이다. 다만 승설이란 이름은 송나라 휘종 선화 2년에 비롯되었다. 하지만 서긍은 선화 5년에 사신으로 우리나라에 온 사람이다. 중외의 풍속과 물산에 대해 이미 낱낱이 다 듣고 보았던 까닭에 이처럼 말했던 것이다. 또 고려의 승려 의천과 지공, 홍경과 여가의 무리가 앞뒤로 바다를 건너 도를 묻고 경전을 구하려고 송나라를 왕래한 것이 계속 이어졌으니, 문헌에 기록이 남아 있다. 이때 이들의 무리가 반드시 다투어 이름난 차를 구입해서 불사(佛事)에 바쳤고, 심지어는 석탑 안에 넣어두기까지 했다. 7백여 년이 지나서 다시 세상에 나온 것은 또한 기이하다 하겠다. 하지만 무릇 물건 중에 가장 쉽게 부패하여 없어지는 것으로 음식보다 더한 것이 없다. 그런데도 두강차(頭綱茶)의 한 종류가 우리나라 땅에까지 흘러 전해져서, 그 수명은 흰 매를 그린 그림과 나란하고, 보배로움은 수금천보(瘦金泉寶)보다 더 낫다(내가 진부터 선화 연간의 매 그림과 숭녕중보 몇 매를 소장하고 있는데, 바로 휘종 황제가 직접 쓴 수금체다). 지금에 이르러 예림(藝林)의 훌륭한 감상거리가 되니, 어찌 신물(神物)이 이를 지켜 남몰래 나의 옛것 좋아하는 벽을 도우심이 아니겠는가? 이에 전거를 뒤져서 동호인에게 공개한다.

차의 표면에는 용의 형상이 새겨져 있었고 700년이란 긴 세월이 지났어도 차는 조금도 상하지 않았다. 대원군으로부터 얻은 용단승설차는 귀하디귀한 보물과 같은 것이었다. 이상적은 옛것을 매우 좋아하는 자신에게 신이 이를 지켰다가 보내주었다고 표현했다. 휘종의 작품을 소장하고 있는 그에게 휘종 때 마시던 차가 온 것은 정말 행운이었을 것이다. 휘종의 용봉단차는 웅번의 『선화북원공다록』에 '용원승설(龍園勝雪)'이라고 기록되어 있다. 이상적이 기록한 용단승설은 아마도 이 용원승설을 말하는 듯하다.

용봉단차는 송대 황제의 차였으므로 황제의 다원 북원에서 만들어져 황제에게 진상되었다. 황제는 이 차를 신하들과 귀족들에게 하사했으며, 외교적인 하사품으로 사용했다. 송의 황제들은 고려에 용봉단차를 보냈다. 고려왕은 다시 대신들에게 이 귀한 차를 하사한다. 고려의 관료이자 문인이었던 곽여(郭輿)는 예종에게 용봉차를 하사받고「청연각에서 용봉차를 하사 받고」란 시를 남긴다.

두 뿔 달린 용이 새겨진 용봉차
촉산(蜀山)에서 쌀쌀한 첫 봄에 새로 딴 차로다
임금의 손으로 몸소 꺼내어 내려 주시니
이슬 기운과 하늘 향기가 일어나네

그렇다면 이 귀한 차를 이상적은 어떻게 했을까? 귀한 차인만큼 귀한 사람과 함께 공유하고 싶었을 것이다. 이왕이면 그 진가를 알아주는 사람, 바로 스승 추사 김정희였다.

추사는 젊은 날 청나라에서 맛본 차 맛을 내내 잊지 못했다. 완원의 서재인 쌍비관에서 승설차를 맛본 후 자신의 호를 '승설도인(勝雪道人)'이라 했을 정도였다.

추사는 이 차를 누구와 함께하고 싶었을까? 그가 평생의 차벗 초의에게 이 차에 대한 소식을 전하는 내용이 있다.

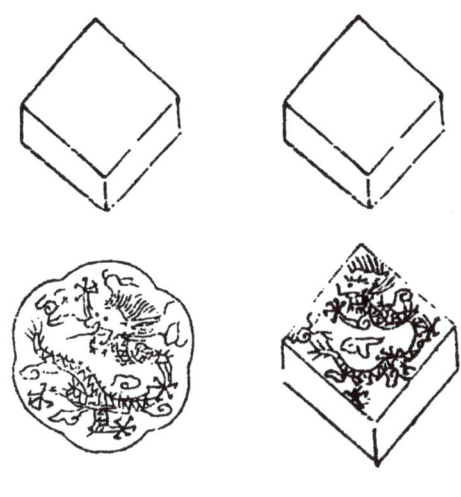

용단차

그리움이 간절하오. 천한 이 몸이 은혜를 입어 돌아오매 감격스럽기 그지없구려. 큰 눈이 왔는데 차가 마침 이르러, 눈을 끓여 차품을 시험하려니 스님과 함께하지 못하는 것이 안타까울 뿐이오. 그 사이에 송나라 때 만든 소용단 한 덩이를 얻었다오. 이는 기이한 보물이라오. 이처럼 볼 만한 것이 한둘이 아닌데, 와서 보고 싶지도 않습니까? 시험 삼아 도모해보시구려. 껄껄.

아무리 좋은 것도 그것을 함께 알아봐 주는 사람이 있어야 즐겁다. 추사의 마음은 이상적이 알아주었고, 초의의 마음은 추사가 알아주었다. 추사는 이 보물을 초의와 함께 완상하고자 했다. 차를 즐긴다는 것은 단순히 차의 뛰어난 색·향·미를 감상하는 데 그치지 않는다. 나아가 서로의 마음을 나누고 함께하는 것이었다.

용단승설 연구자 이상적은 누구인가?

용단승설을 얻고, 연구하고 기록한 이상적은 통역에 종사하던 종9품의 실용직 공무원이었다. 이상적은 1829년부터 죽기 전 해인 1864년까지 열두 번에 걸쳐 청나라에 다녀왔다. 한양에서 북경까지 3,000여 리에 달하는 긴 여정은 한번 길을 떠나면 반년은 족히 걸리는 길이었다.

청의 유명한 문인들과 교유하여 금석문(金石文)과 서화·골동에도 조예가 깊었던 이상적의 명성은 청에서 먼저 알려졌고, 문집 『은송당집恩誦堂集』 역시 1848년 청에서 간행되었다. 역관이라는 낮은 직분으로 조선에서는 불가능한 일이었지만 청에서는 오히려 그의 재능을 높이 평가했다.

이상적의 차 사랑은 스승 추사에 못지않았다. 그는 700여 편의 시와 37편의 문장을 남겼는데, 그중 차에 관한 시문만 40여 편이 넘는다. 이상적은 차를 통해 심오한 불교의 철학적 진리를 터득하고자 했다.

추사가 초의에게 보낸 편지, 국립중앙박물관 소장

읍다(挹茶, 차를 높이 받들어 귀하게 여기다)

작은 찻잔에 차를 따르니 천 개의 거품이 잠깐 동안 일어나네.
둥근 빛이 구슬처럼 흩어지는데 하나의 구슬은 한 분의 부처님이라네.
덧없는 인생은 순간일 뿐인데, 천억(千億)의 몸은 황홀하다네.
차를 마시니 손과 눈이 열리고, 털과 머리카락이 확연히 분별되는구나.
깨달은 경지에선 모두 머리를 끄덕이고, 참선할 때는 함께 망념을 떨치네.
누가 스승이며 누가 중생인가. 나도 없고 남도 또한 없네.
망망한 황하의 모래 같은 중생들을 두루 제도하기 위해 뗏목 부르지 않아도 된다네.
차 거품 꽃은 깨달음의 탄식으로 변하고 공(空)과 색(色)은 조각달에 담기었구나.
삼생(三生)이 여린 차 싹에 비치어 좌망하여 잠시 오독 앉았다네.
만 가지 인연은 참된 것이 아니니 어찌 좋아하고 기뻐서 소리칠 일 있으리.
육우는 다경으로 등불을 전했고, 노동은 다가를 읊어 바릿대를 준 것이라네.

『은송당집 시 2권』

열두 번의 청나라행은 좋은 차를 접하는 절호의 기회였다. 비록 사대부의 권세를 누리지는 못하는 신분이었지만, 차 맛에 대해

이상적 초상화와 『은송당집』 표지

서는 그 누구보다 일가견이 있었다. 한양과 북경을 오가는 긴 여정 중에는 숙소가 여의치 않아 노숙을 해야 하는 경우도 빈번했다. 불편하고 궁색했을 테지만 차를 끓여 마실 수 있으면 그만이었다.

　　금석산 해가 저물 무렵에 내리는 눈(金石山暮雪)

　　압록강 어귀에 눈이 내리니 흩날려 먼 여행길 전송한다네.
　　본디 마음 천 리나 떨어져 있어 흰 머리털 하루아침 생겨나누나.

나그네 옷 무거움을 점점 깨닫자 가야 할 길 분명함이 외려 슬프다.
오늘 밤 들판에서 잠을 자면서 차 끓여 마심만 다만 좋아라.

추사가 유배의 처지가 되자 주변 사람들은 하나둘 멀리하거나 떠났다. 그러나 이상적은 끝까지 스승인 추사를 섬겼다. 1843년에는 제주도에 유배되어 있던 추사에게 북경에서 구한 『만학집晩學集』 8권과 『대운산방문고大雲山房文藁』 6권 2책을 보내주었다. 1844년 청에 다녀와 『황청경세문편皇淸經世文編』 120권을 보내주자 추사가 이에 감격하여 그 유명한 〈세한도歲寒圖〉를 그려준다. 책이 귀한 시절, 권세가와 재력가들에게 갖다 주면 부귀영화에 도움이 되었을 것인데, 바다 건너 외딴섬에서 초췌하게 귀양살이하는 자신에게 보내준 것에 대해 추사는 진심으로 고맙다는 마음을 〈세한도〉에 담아 전했다. 이상적은 〈세한도〉를 북경에 가지고 가서 청나라의 문사 16명의 제찬(題贊)을 받아온다. 천하명작 국보 〈세한도〉는 이렇게 해서 전해 내려오게 된 것이다. 이런 돈독한 관계였기에 보물같이 귀하다는 차를 나누기에 충분했고, 전설 같은 차는 북송에서 조선까지 긴 시간 여행을 하게 된 것이다.

차로 맺은 계모임, 다신계

다산학단의 계모임

다산은 18년이라는 긴 강진 유배 생활 동안 놀라울 만한 학문적 성과를 이룬다. 이는 제자들의 도움을 바탕으로 완성되었다. 꼼꼼한 성격의 다산과 함께하는 500여 권이 넘는 저술 작업은 그리 쉬운 일이 아니었다. 그러나 강진의 다산 제자들은 다산의 연구와 편찬에 참여하면서 심도 있는 학문 세계를 접했다.

작업은 제자들의 학문적인 수준과 적성에 맞춰 파트를 나누었다. 경서(經書)와 사서(史書)를 살피는 검색 파트, 입으로 부르는 것을 붓 달리기 하듯 받아 적는 자료 정리 파트, 줄을 치거나 잘못 불러준 것을 고치고 종이를 눌러 평평하게 해서 책을 제본하는

〈다신계절목〉 필사본

파트 등 정밀하게 분업화된 하나의 출판사였다. 비록 산중에 있는 초당이었지만, 이들은 당시 최고의 학술 집단이라고 할 수 있으니 훗날 이들을 다산학당이라고 부른다.

학문과 저술 작업을 함께하면서 제자들 간에는 동료애가 생겼고 형제와 다름없는 사이가 되었다. 다산이 해배되어 강진을 떠나게 되자 제자들은 계(契)를 맺어 지속적으로 교유하는 모임을 만든다. 이 모임이 바로 다신계(茶信契)이다.

다신계를 효과적으로 운영하는 데는 구체적인 규칙도 필요했다. 다산과 제자들은 1818년 8월 그믐날 다신계의 취지와 참가자 명단, 그리고 약조 등을 담은 〈다신계절목茶信契節目〉을 작성하는데, 그 말머리에 다신계를 만들게 된 이유를 이처럼 기록하고 있다.

> 무인년 그믐날 의논했다. 사람이 귀하다는 것은 믿음이 있기 때문이다. 만약 무리 지어 모여 서로 즐기다가도 흩어진 뒤에 서로 잊어버린다면 이는 짐승의 짓이다. 우리들은 무진년 봄부터 오늘에 이르기까지 형제처럼 모여서 글공부를 했다. 이제 스승은 북녘으로 돌아가신 뒤 우리들이 별처럼 흩어져서, 만약에 망연히 서로를 잊고 신의의 도리를 생각지 않게 된다면 이 또한 방정하지 못한 것이 아니겠는가?

계, 계모임은 우리나라에서는 근래까지 서민들의 목돈 마련을 위한 번호계니 낙찰계니 하는 일종의 서브 은행 시스템으로 발전했다. 은행 시스템이 완비되기 전에는 실제로 매우 유용했으며, 신뢰감이 전제된 계원들 사이에서만 이루어질 수 있는 일이었다. 원래 계는 '인연을 맺는 것'이라는 의미이므로 목돈 마련보다 계원들의 친목이 우선이었다. 이러한 계모임 '계회(契會)'는 고려시대에 시작되어 조선시대 문인들 사이에서 유행했다. 계는 구성원 간의 화합과 풍류, 상부상조를 목적으로 모여 결성한다. 계회는 단발성이 아니라 회합과 친밀함 속에서 평생 지속하기도 했다.

학문을 목적으로 하는 학계(學契)도 있었는데 서당, 향교 또는

신미갑(辛未甲) 계회첩(契會帖), 국립중앙박물관 소장

서원에서 함께 학문을 갈고 닦던 비슷한 연령의 사람들로 구성되었다. 다신계는 학계이면서 차를 사랑했던 다산의 제자들답게 스승에게 보낼 차를 만드는 것이 우선인 친목 모임이었다.

> 곡우날 어린 차를 따서 불에 쬐어 말려 한 근을 만들고, 입하 전 늦차를 따서 떡차 두 근을 만든다. 잎차 한 근, 떡차 두 근을 시와 편지와 함께 부친다.
>
> 『다신계절목』

다신계를 운영하기 위한 규모 있는 돈 관리는 필수였다. 작은 모임이었지만 오랫동안 유지하기 위해서는 나름대로의 체계가 필요했다. 보암에 있는 논은 이덕운이 관리하고 백도에 있는 논은 이문백이 관리했다. 차 따는 일은 각자 일정량을 수확하되 혹시 차 따는 일을 하지 못하게 된다면 5푼의 돈을 신동에게 주어 귤동 마을의 인력을 고용하여 찻잎의 수요를 맞추도록 했다. 모이는 날에는 생선 값으로 1냥은 회비(계전契錢)에서 지불하고, 양식할 쌀 1되는 각자 가지고 오게 했다. 초당을 중심으로 이런저런 살림살이를 하고 나서 남는 돈이 생기면 믿을 만한 계원으로 하여금 이자를 늘리도록 했다. 한 사람에 2냥을 넘지 못하며 15냥이 차거나 혹 20냥이 되면 곧 논을 사서 곗돈에 붙이고, 그 돈의 이자 증식은 20냥을 넘지 못하게 했다. 이렇게 계원들의 공동자산은 어떻게 관리할 것인가, 차를 따고 만드는 일에 드는 노동에 참여하지 못할 경우 어떤 대안을 마련할 것인가, 모임에서 사용하는 식사 등의 경비는 어떻게 할 것인가, 재원의 수익 확대는 어떻게 할 것인가에 대해 치밀하게 정했다. 실학자 다산다운 면모이다.

다산은 차를 기다리고

한편 다산이 고향으로 돌아온 후 봄이 되면 제자들은 잊지 않고 손수 만든 차와 글을 보냈다. 그런데 시간이 지나고 상황이 여의치 않자 다신계 활동이 시들해진다. 다산은 다신계가 무신계(無信契)가 되었다고 섭섭한 마음을 표현하기도 했다. 그렇다고 모두가 그런 것은 아니다. 다산에게 차를 계속 보내던 제자들 중 막내 제자 이시헌은 다신계의 약조에 따라서 지속적으로 차를 만들어 보냈다.

다산은 이시헌에게 자신이 알려준 제다법으로 차를 만들어 보내달라고 부탁하는데, 1827년경 이시헌에게 보낸 편지의 내용 중에 "차의 일은 이미 해묵은 약조가 있었으니 이번에 환기시켜 드리네, 조금 많이 보내주면 고맙겠네"라고 다신계의 약속을 언급하면서 차를 넉넉하게 보내주길 부탁하고 있다. 1830년 3월에도 이시헌에게 차를 부탁하는 편지를 보내는데, 이시헌이 보낸 차가 만족할 만한 품질이 아니었던 것 같다. 이에 다산은 제다법에 대해 상세히 설명한다.

> 올 들어 병으로 체증이 더욱 심해져서 잔약한 몸뚱이를 지탱하고자 오로지 떡차에 의지하고 있다네. 이제 곡우가 되었으니, 다시 계속해서 보내주기 바라네. 다만 지난번 보내준 차는 가루가 거친 것 같아 심히 좋지가 않았네. 모름지기 세 번 찌고 세 번 말려서 아주 곱게 갈고, 또 반드시 돌샘으로 고르게 조절하여 진흙같이 짓이겨서 작은 떡으로 만든 뒤에야 찰져서 마실 수가 있다네. 살펴주면 좋겠네.

강진에서 다산에게 해마다 차를 보내는 일은 정약용이 운명을 달리했던 1836년 이후에도 계속되었다. 무려 일제강점기인 1930년대까지 이어졌으니 100여 년간 지속된 셈이다. 일본의 학자 아유카이 후사노신(鮎貝房之進)은 정약용의 저서를 조사하기 위해, 그의 현손에 해당하는 정규영을 만나러 경기도 양근 마현리를 찾아간다. 놀랍게도 당시에도 계속해서 강진 다산의 마을 사람이 다산 선생을 기리며 매년 이른 봄에 차를 보내온다고 했다. 차는 세로 5촌(15cm), 가로 2촌(6cm) 정도의 종이봉투 표면에는 붉은 색으로 '금릉월산차(金陵月山茶)'라고 찍혀 있는 봉투에 넣어져 있었다. 정규영을 만난 후사노신은 차 맛을 보고는, 달지도 쓰지도 떫지도 않아 차가 아닌 산차(동백)의 어린잎이 아닌가 하는 평가를 내린다. 그러나 이시헌이 다산 제다법의 조언을 얻어 만든 방식을 아들이 물려받았다면 차를 부드럽고 순하게 만들었을 것이다. 그렇다면 금릉월산차를 만든 사람은 누구인가? 바로 강진의 이한영이다. 이한영은 다산의 막내 제자였던 이시헌과 한 집안사람으로 이한영은

이한영, 이한영가 제공

이시헌의 아들 이면흠에게 제다법을 배웠다. 이한영은 이면흠에게 전수 받은 제다법으로 금릉월산차, 백운옥판차(白雲玉版茶)라고 하는 우리나라 최초의 녹차 브랜드를 만든다.

다산의 7대 종손 정호영에 의하면 1925년 대홍수로 남양주 마현부락의 다산 종택이 흔적도 없이 사라지고, 1927년 그의 증조부(정규영)가 작고하고, 조부(정향진)도 1935년쯤 고향을 완전히 떠나면서 강진과의 교유가 끊겼을 것으로 보고 있다.

끊어진 교유는 다신계원 제자 윤종심의 증손인 윤재찬이 주축

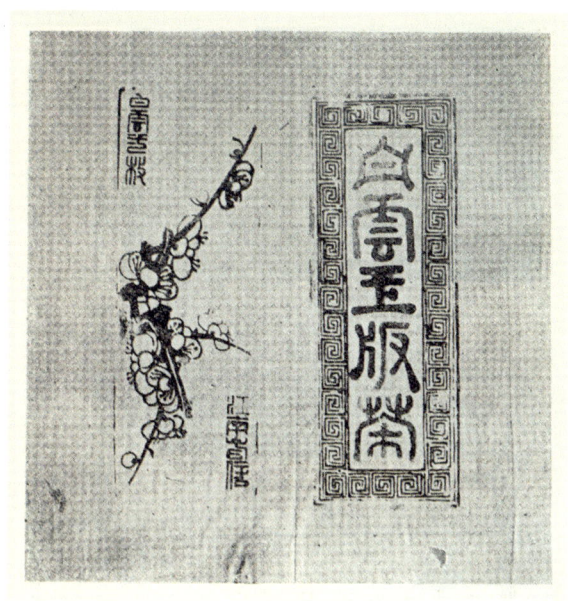

백운옥판차 도안

이 돼 1956년부터 3년간 다산초당 복원 사업을 추진한 직후 다시 이어진다. 윤재찬은 1961년 강진을 방문한 다산의 5대 종손 정향진에게 『다신계절목』 필사본을 선물했다. 이후로 차의 교유가 계속 이루어지고 있는지는 확인되지 않지만, 옛 선현들의 의미 있는 계모임은 참으로 인상적이다. 사람을 추억하고 그리움을 간직하는 방법에는 여러 가지가 있겠지만, 함께 차를 만들고 나누며 차향을 즐긴다면 최상의 청아한 복이 아닌가.

찻잎에 귤 향기를 입히다

껍질까지도 귀했던 귤

조선의 대표 다서(茶書) 초의 선사의 『동다송』 첫 구절은 이렇게 시작한다.

하늘이 상서로운 차나무를 귤나무의 덕과 짝지으니, 받은 천명 옮기지 않고 남쪽에서 자란다네.

초의선사는 차나무의 상서로움을 귤나무의 덕에 견주어 표현했다. 사시사철 푸른빛을 발하는 상록수인 차나무는 따듯한 아열대 지방에서 자란다. 차나무가 자라기 좋은 환경에서 귤나무도 잘 자란다. 항시 푸른 잎을 자랑하고 하얀 꽃을 피우는 차나무와 귤나무는 오랫동안 귀한 대접을 받았다. 차나무는 그 잎으로, 귤나무는 그 열매로 사람들에게 유용함을 주기 때문이다. 귤과 차는 이미 고려시대부터 좋은 선물로 손꼽혔다. 고려 학자 이곡은 귤과 차 선물을 받은 감회를 시로 지었다.

때늦은 식사로 나물국도 맛좋은데
동정향을 나눠 주다니 깜짝 놀랐소
안개 낀 강의 옥회는 구할 길이 없다 해도
이따금 금제 대하면서 흥을 가누지 못한다오

봄 우레 기다려서 돋아나온 황금색 싹
대궐에 바치고 부처 준 향기롭게 볶은 차
옥천의 일곱째 잔 신묘한 그 효과 신속해서
곧장 맑은 바람 타고 월대에 내려앉을 듯도

「사홍합포기귤차」, 『가정집稼亭集』

『동국여지승람東國輿地勝覽』의 제주목조(濟州牧條)를 보면 귤에는 금귤(金橘)·산귤(山橘)·동정귤(洞庭橘)·왜귤(倭橘)·청귤(靑橘)이 있다고 나온다. 그중에서도 동정귤은 향기 짙은 상등품에 해당한다. 동정귤을 선물 받은 이곡은 무척 기뻤던 모양이다. 가늘게 썬 생선회에 감귤을 껍질째 짓이겨서 버무린 것을 금제옥회(金薺玉膾)

라고 하는데, 이에 비유하면서 감귤 얻은 기쁨을 표현했다. 차를 얻은 기쁨은 더하여 노동의 「칠완다가」를 인용해 신선이 된 기분을 묘사하고 있다. 이처럼 차와 귤은 당시 받는 이들을 기쁘게 하는 최고의 선물이었다.

침이 고이도록 새콤달콤하고 향기가 뛰어난 감귤(柑橘)은 그 맛과 귀함 덕에 임금에게 진상되는 품목이었다. 지금은 흔하디흔한 바나나가 한국에 처음 들어왔을 땐 값비싼 과일이었듯, 감귤이 맛 좋다고 소문이 자자하여도 군침만 흘릴 뿐 서민들 사이에서는 상상 속의 과실일 뿐이었다. 제주목사는 동지 때가 되면 꼬박꼬박 귤을 조공으로 올렸고, 조정에서는 베와 비단을 하사해 격려했다.

조선 중종(中宗)은 귤이 대궐에 들어오면 이를 축하하기 위하여 '황감제(黃柑製)'라는 특별 행사를 열었다. 성균관학당인 명륜당(明倫堂)에 성균관 유생들을 모아놓고 감귤을 나누어준 뒤 시제(試題)를 내려 시험했다. 유생들의 사기를 높이고 학문을 권장하기 위한 제도였다. 감귤을 맛본 유생들은 임금의 성은에 감사하며 더욱 열심히 학문에 매진하고 시험을 치렀다. 지금도 성균관대학교에서는 귤철이 되면 황감제 행사를 열어 학생들끼리 감귤을 나누어 먹는다.

감귤로 기뻐하는 사람이 있다면 반대로 괴로운 사람들도 있었다. 귤은 관에서 관리하는 제주 특산품이었기 때문에 실제 귤 농사를 짓는 제주 농부들은 귤을 자유롭게 먹지 못했다. 귤나무에 열매가 맺히면 관에서 열매 하나하나에 꼬리표를 달아 관리하여 하나라도 없어지면 엄한 벌을 내렸다. 김상헌(金尙憲)의 『남사록南

㯃錄』에는 아전들의 수탈을 견디지 못한 농민들의 저항 방법이 기록되어 있다.

> 해마다 7~8월이면 목사는 촌가의 귤나무를 순시하며 낱낱이 장부에 적어두었다가, 감귤이 익을 때면 장부에 따라 납품할 양을 조사하고, 납품하지 못할 때는 벌을 주기 마련이었다. 이 때문에 민가에서는 재배를 하지 않으려고 나무를 잘라버렸다.

귤은 열매뿐 아니라 껍질도 유용하게 사용했다. 귤껍질을 말리면 진피(陳皮)라고 불리는 약재가 되었다. 1802년에 만들어진 외교서『증정교린지增正交隣志』에는 일본을 방문한 통신사 일행이 현지에서 귤껍질 세 포대를 선물로 받았다는 기록이 실려 있다. 귤껍질은 향신료일 뿐만 아니라 좋은 약재였기 때문에 외교적 선물로 사용할 만큼 귀한 것이었다.

조선의 영조(英祖)는 특히나 귤차[橙茶]를 즐겼다. 생강을 넣은 귤강차(橘薑茶), 인삼을 넣은 삼귤차(蔘橘茶), 향부자를 넣은 향귤차(香橘茶), 계피를 더한 계귤차(桂橘茶), 살구씨를 넣은 행귤차(杏橘茶)를 자주 마셨다. 영조는 83세 천수를 누린 것으로도 유명한데, 조선 임금들의 평균수명이 대략 47세였으니 장수왕이라 할 만하다. 그러나 그는 원래부터 팔팔한 건강 체질은 아니었으며 오히려 약골 체질이었다고 한다. 그래서 평생 건강을 위해 온갖 노력을 기울여 장수를 누린 왕이었다. 영조의 병은 위허증(胃虛症)으

과육을 파내고 찻잎을 넣어 만든 청귤차 ⓒ남승국

로 시작되는데 이로 인해 이명과 현기증, 체증이 반복되었다. 특히 이명이 심했는데, "귀에서 쇳소리가 들린다. 날이 추우면 웅성거리는 소리까지 들려 고통스럽다"며 이명 증상을 무척이나 괴로워했다. 당시 영의정 김재로는 "옛 처방 기록에 따르면 이 모두가 몸이 쇠약해져 생긴 증상"이라고 답했다. 의관들은 그들이 할 수 있는 모든 노력을 다해 탕약을 만들어 바쳤다. 전국에서 가장 좋은 인삼을 구하고 몸을 보전할 수 있는 양질의 한약재들을 구했다. 아무리 좋은 것도 과하면 해가 되는 법, 장기간의 한약 복용은 몸에 부담이 되었다. 그래서 영조는 약성이 약하면서도 건강을 지킬 수 있는 음료에 대해 고심했고 인삼과 생강, 귤껍질을 사용한 차를 마셨다. 〈영조실록〉을 보면 귤껍질에 계피, 생강을 넣은 계귤차와 강귤차는 영조의 건강이 악화되어 승하할 즈음에 탕재의 역할을 겸했다.

왕세손이 서유린에게 말하기를, "저녁 뒤부터 가래와 어지러운 증후가 더욱 심하고 눈꺼풀이 열렸다 감겼다 하며 손발의 온도가 여느 때와 다르시다. 강귤차 두어 술을 드시게 하여 보았더니 온기가 있는 듯하다가 곧 다시 차지셨으니, 애가 타서 어쩔 줄 모르겠다."
왕세손이 오도형을 시켜 진찰하게 했는데, 오도형이 말하기를, "이는 반드시 가래가 막혀서 그럴 것입니다. 백비탕(百沸湯)을 먼저 드시고 계귤차에 곽향(藿香) 한 돈을 더하여 달여 드시는 것이 좋겠습니다."

『조선왕조실록』 영조 52년 3월 3일

차와 귤, 짝을 이루다

사람들이 처음 차를 마시기 시작했던 그 옛날에는 차에 생강, 귤, 파 등 각종 향신료를 넣었다. 그러나 차가 가지고 있는 순수한 맛을 중요시했던 육우는 차 이외에 무엇을 더하는 것에 찬성하지 않았다. 넣을 수 있다면 소금 정도였다. 사람들은 차의 신 육우가 제안하는 차 마시는 방식을 따랐고, 이후 귤껍질은 차와 멀어졌다. 그러나 차를 기호품으로만 보지 않고 건강음료로 본 사람들은 귀한 약재였던 귤껍질을 차에 넣어 약차를 만들었다.

조선시대 최초의 다서인 이운해의 『부풍향다보』에는 차에 다양한 향약을 혼합하여 약용차 만드는 방법을 기록했는데, 귤껍질을 이용한 귤피차가 나온다. 차와 귤을 이용한 귤차 만드는 법은

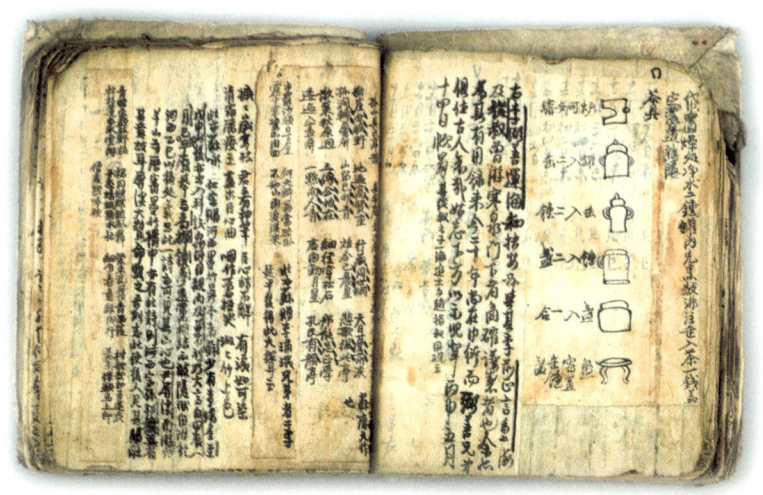

『부풍향다보』

서유구의 『임원십육지林園十六志』에도 기록되어 있다.

> 실처럼 가늘게 썬 귤껍질 한 근과 바싹 마른 좋은 차 다섯 근의 비율로 혼합한다. 그런 후 난롯불 위 조밀한 마포(麻布)에 골고루 펴 놓은 후, 깨끗한 무명천으로 약 두세 시간 정도 덮는다. 이렇게 만든 귤차를 종이 봉지에 잘 밀봉하여 필요할 때 사용한다.

귤 블랜딩 차는 예나 지금이나 한결같이 인기가 좋아서 요즘도 다양한 차가 나온다. 중국 차시장에서는 여러 품종의 감귤 속에 차를 넣어 소청감(小靑柑), 금감보(金柑普), 대홍감(大紅柑) 등의 이름으로 출시되고 있으며 해마다 인기가 더해지고 있어 매년 차 박람회장에는 싱그러운 귤향이 가득하다. 크기가 작은 귤에 주로 보이차, 그중에서도 숙차를 넣은 것이 대부분이고 가끔 청차 종류를 넣은 것도 있다. 아무래도 산뜻한 귤향과 부드러운 보이숙차가 잘 어울린다. 귤 속에 차가 들어 있는 모습이 귀엽기도 하고 한 번에 한 개씩 우려 마시는 편리함도 인기에 한몫한다. 차나무의 상서로움과 귤나무의 덕스러움을 한잔에 담아 마시면, 마시는 사람으로 하여금 최상의 맑은 복, 청복(淸福)을 느끼게 한다.

참고문헌

Ⅰ. 고전의 시대。차를 끓여서 마시다

먹는 차, 마시는 차

김정희·조미라·김신연,『현대 중국 생활차』, 민속원, 2008
베아트리스 호헤네거,『차의 세계사』, 조미라·김라현 옮김, 열린세상, 2012
육우,『다경 주해』, 류건집 주해, 이른아침, 2010

차, 거대한 수상 네트워크를 따라 동쪽으로 흘러가다

김승제,『의상대사 구법 건축순례행기』, 조계종출판사, 2018
마크 에드워드 루이스,『하버드 중국사 당 : 열린 세계 제국』, 김한신 옮김, 너머북스, 2017
무함마드 깐수,『신라·서역교류사』, 단국대출판부, 1992
엔닌,『엔닌의 입당구법순례행기』, 김문경 옮김, 중심, 2001
김상현,〈당나라의 신라 구법승〉,《법보신문》, 2011년 11월 1일자
박영환,〈중국차문화사 59-중국의 차 산업④〉,《불교저널》, 2015년 11월 5일자

신라로 보내진 차

김진숙·이송란·조범환,『장보고와 차 문화 전파』, 해상왕장보고기념사업회, 2010

302

엔닌, 『입당구법순례행기』, 신복룡 옮김, 선인, 2007

정영선, 『한국 茶文化』, 너럭바위, 1990

최치원, 『새벽에 홀로 깨어』, 김수영 옮김, 돌베개, 2008

지하궁전 속에 잠자던 천 년 전 차도구

김진숙·이송란·조범환, 『장보고와 차 문화 전파』, 재단법인 해상왕장보고기념사업회, 2010

서동인·김병근, 『신안 보물선의 마지막 대항해』, 주류성, 2014

치우지핑, 『다경도설』, 김봉건 옮김, 이른아침, 2005

松崎芳郎, 『茶の世界史』, 八坂書房, 2012

于观亭, 爱群, 〈中国茶道简明读本〉, 新華出版社, 2013

『法門寺文化叢書 3』, 香江出版編輯, 香江出版有限公司, 1999

〈[역사의 베일 벗기기] 외국인 인재 기용했던 당나라, 외국인들은 왜 당나라로 오고 싶어 했을까?〉, 《인민망 한국어판》, 2018년 1월 22일자

〈长恨歌之玄宗出世（一）天子风流〉, 유튜브 채널 CCTV 百家讲坛官方频(https://www.youtube.com/watch?v=COrn54DfYew&t=786s)

신선이 되다

이곡, 『가정집稼亭集』

이규보, 『동국이상국집東國李相國全集』

조준, 『송당집松堂集』

충지, 『원감국사집圓鑑國師集』

김명배, 『韓國의 茶時 鑑賞』, 대광문화사, 1988

서연주, 〈노동(盧仝)의 칠완다가(七椀茶歌) 연구〉, 《중국학논총》 제65호, 한국중국문화학회, 2020

송해경, 〈노동(盧仝)의 다가(茶歌)에 나타난 양생론(養生論) 연구〉, 《차문화·산업학》 제14집, 국제차문화학회, 2010

차마고도

차마고도의 삶과 예술, 국립중앙박물관, 2009
송승구, 『티베트로 가는 길 차마고도』, 맑은샘, 2013
KBS 인사이트 아시아 차마고도 제작팀 지음, 윤영수 구성, 『차마고도』, 예담, 2007
연호탁, 〈당조(唐朝) 중국과 토번(吐蕃)의 차마교역(茶馬交易)〉, 《차문화·산업학》 제33집, 국제차문화학회, 2016
박미애, 〈운남차(茶)의 성립사적 연구〉, 원광대학교 동양대학원 석사학위논문, 2012
〈역사기행: 1400년 전의 혼례길 당번고도를 가다 제1편 당(唐)의 문성공주, 토번으로 시집간 까닭은?〉, KBS 미디어, 2006
〈차마고도 1: 마지막 마방〉, KBS 미디어, 2008

황제의 차

서동인·김병근, 『신안 보물선의 마지막 대항해』, 주류성, 2014
진연, 『차업통사』, 농업출판사, 1984
서은미, 〈남송시대 다법(茶法)의 운용과 사다(私茶)〉, 《동양사학연구》 제127집, 동양사학회, 2014
서은미, 〈다서(茶書)와 송대(宋代) 차문화(茶文化)〉, 《중국사연구》 제32집, 중국사학회, 2014
서은미, 〈당송시대(唐宋時代) 공차(貢茶)와 관영다원(官營茶園)(북원차北苑茶)〉, 《중국사연구》 제96집, 중국사학회, 2015
고연미, 〈韓·中·日 점다문화(點茶文化)에 나타난 송대(宋代) 건잔(建盞) 연구(研究)〉, 원광대학교 대학원 박사학위논문, 2009
오원경, 〈송대(宋代) 차(茶)의 보급(普及)과 다법(茶法)에 관한 연구(研究)〉, 숙명여자대학교 대학원 박사학위논문, 1997
이경미, 〈한국고대(韓國古代) 용봉문양(龍鳳文樣)의 역사고고학적 연구(研究)〉, 성균관대학교 대학원 박사학위논문, 2008
박영환, 〈중국의 명차-명차의 발전 과정③〉, 《불교저널》, 2017년 7월 2일자

Ⅱ. 낭만의 시대。차를 거품 내 마시다

도시 카페 다관

맹원로,『동경몽화록』, 김민호 옮김, 소명출판, 2010
오원경,『개봉(開封) 다관(茶館)을 통해 본 북송조(北宋朝) 도시차문화(都市茶文化)』,《중국사연구》제42집, 중국사학회, 2006
張擇端,『張擇端,清明上河圖』, 中信出版社, 2016
오자목,『몽양록』, 중국철학서전자화계획(https://ctext.org/wiki.pl?if=gb&res=56950)

우윳빛 경쟁, 투다

류건집 주해,『송대 다서의 주해』, 이른아침, 2012
오카구라 덴신,『차의 책』, 정천구 옮김, 산지니, 2016
『한국의 차문화 천 년 3』, 송재소·유홍준·정해렴·조창록·이규필 옮김, 돌베개, 2011
서은미,『다서(茶書)와 송대(宋代) 차문화(茶文化)』,《중국사연구》제32집, 중국사학회, 2004
張科,『說泉』, 浙江攝影出版社, 2006
張臨生,『茶的鬪茶』,『文物光華』, 대만 국립고궁박물원, 1996
박영환,〈중국차문화사 12-다도의 각 분야별로 살펴 본 중국 고대다서 (2)〉,《불교저널》, 2011년 11월 18일자

천 년 전 아이스티, 강차수

맹원로,『동경몽화록』, 김민호 옮김, 소명출판, 2010
윤덕노,『음식으로 읽는 중국사』, 더난출판, 2019
宋后玲,『茶話茶畫』,『文物光華』, 대만 국립고궁박물원, 1996

신미경, 『다사전적(茶事典籍)을 통해 본 송(宋)과 고려(高麗)의 차문화(茶文化) 고찰(考察)』, 성신여자대학교 대학원 박사학위논문, 2008

오자목, 『몽양록』, 중국철학서전자화계획(https://ctext.org/wiki.pl?if=gb&res=56950)

劉海永, 〈兩岸史話 – 古今一樣熱 宋人吃「冰酪」消暑〉, 《中時電子報》, 2019년 7월 23일자

〈有冷飲, 有牛奶, 宋朝人的飲料原來這麼豐富〉, 《每日頭條》, 2017년 6월 19일자

최진연, 〈여섯 마리의 물고기로 백성의 목숨을 바꾼다고?〉, 《데일리안》, 2014년 6월 15일자

티아트 분차

방병선, 『중국 도자사 연구』, 경인문화사, 2013

刘昌明 외, 『西財中國茶文化基礎教程』, 四川省茶文化研究會, 西南財經大學出版社, 2018

『品茶說茶』編輯委員會, 『品茶說茶』, 浙江人民美術出版社, 2001

차가 있는 우아한 모임, 아회

도륭, 『고반여사』, 권덕주 옮김, 을유문화사, 1972

서유구, 『산수간에 집을 짓고』, 안대회 엮음, 돌베개, 2005

송희경, 『조선 후기 아회도』, 다할미디어, 2008

박기성, 〈심원(深遠) 이유수(李惟秀)와 동원아집(東園雅集) – 유언호(俞彦鎬)와 남공철(南公轍)의 기문(記文)을 중심으로〉, 《한문학논집》 51권, 근역한문학회, 2018

노현리, 〈잡기(雜記)를 통해 본 북송 문인들의 원림 향유 양상〉, 서울대학교 대학원 석사학위논문, 2016

《澗松文華》 제75호, 한국민족미술연구소, 2008

신현실, 〈한중정원가 예찬 12: 호중천지, 천일합일의 원림 이론을 주장한 백거이 편〉, 《문화유산신문》, 2019년 8월 14일자

타인의 눈으로 본 고려의 차

서긍, 『고려도경』, 한국고전번역원 옮김, 서해문집, 2005
서동인·김병근, 『신안 보물선의 마지막 대항해』, 주류성, 2014
『고려도경 역주』, 이진한 편, 고려대 한국사연구소·고려시대사 연구실 역주, 경인문화사, 2020
이진수, 〈고려시대 차문화 공간 연구:『고려도경』을 중심으로〉,《차문화·산업학》제29집, 국제차문화학회, 2015
송재용, 〈고려도경(高麗圖經)에 나타난 고려(高麗)의 민속(民俗) 연구(研究)〉,《동아시아고대학》제32집, 동아시아고대학회, 2013
박윤미, 〈고려전기 외교의례 연구(高麗前期 外交儀禮 研究)〉, 숙명여자대학교 대학원 박사학위논문, 2017
허핀칭, 〈『高麗圖經』에 나타난 고려시대 민속 양상 연구〉, 경희대학교 대학원 석사학위논문, 2018
국사편찬위원회 한국사데이터베이스(db.history.go.kr) 중 '고려시대'

찻사발의 시대 1: 흙으로 빚은 옥 청자

김영미, 『신안선과 도자기 길』, 국립중앙박물관, 2005
방병선, 『중국 도자사 연구』, 경인문화사, 2013
베아트리스 호헤네거, 『차의 세계사』, 조미라·김라현 옮김, 열린세상, 2012
서동인·김병근, 『신안 보물선의 마지막 대항해』, 주류성, 2014
〈천하제일 비색청자〉, 국립중앙박물관, 2012

찻사발의 시대 2: 세계인의 몽상, 청화백자

김영미, 『신안선과 도자기 길』, 국립중앙박물관, 2005

방병선, 『중국 도자사 연구』, 경인문화사, 2013
베아트리스 호헤네거, 『차의 세계사』, 조미라·김라현 옮김, 열린세상, 2012
서동인·김병근, 『신안 보물선의 마지막 대항해』, 주류성, 2014
〈천하제일 비색청자〉, 국립중앙박물관, 2012

III. 실용의 시대。차를 우려서 마시다

차 속에 향기를 숨기다

다나하시 고호, 『중국 茶 문화』, 석도윤·이다연 옮김, 하늘북, 2006
도륭, 『고반여사』, 권덕주 옮김, 을유문화사, 1972
신정현, 『보이차의 매혹』, 이른아침, 2010
심복, 『부생육기』, 이영재 옮김, 을유문화사, 2004
이규경, 『다연茶煙』, 『오주연문장전산고五洲衍文長箋散稿』
이유원, 『임하필기林下筆記』
정민, 『새로 쓰는 조선의 차문화』, 김영사, 2011
趙希鵠, 『调燮类篇』, 人民卫生出版社, 1990
『청가록淸嘉錄』, 중국철학서전자화계획(https://ctext.org/wiki.pl?if=gb&res=882808&remap=gb)

찻잔의 시대: 한 손으로 찻잔을 들어 차를 마시다

방병선, 『중국 도자사 연구』, 경인문화사, 2013
『茶的文化』, 臺灣國立歷史博物館, 1997
藤原友子, 『古伊万里の道』, 佐賀県 藝術文化育成基金, 2019
〈중국의 무적 대함대〉, 《내셔널 지오그래픽》 2005년 7월호

숨 쉬는 찻주전자 의흥자사호

김정희·조미라·김신연, 『현대 중국 생활차』, 민속원, 2008
문수, 『자사차호의 세계』, 바나리, 2004
박홍관, 『박홍관의 자사호 이야기』, 이른아침, 2010
臺灣國立歷史博物館, 『茶的文化』, 臺灣國立歷史博物館, 1997
良治, 『紫紗賞玩』, 藝術圖書公司, 1999
吳山, 『宜興紫沙壺藝術』, 藝術家出版社, 1998
조행숙, 〈청대(清代) 자사호(紫砂壺) 만생호(曼生壺)의 조형성에 대한 고찰〉, 원광대학교 동양학대학원 석사학위논문, 2016
오단, 〈중국 도자 다기의 조형과 미의식 연구〉, 단국대학교 대학원, 박사학위논문, 2019

차노유(茶の湯)

구태훈, 『일본 문화 이야기』, 재팬리서치21, 2012
이진수·서유선, 『일본다도의 이해』, 이른아침, 2013
히사마츠 신이치, 『다도의 철학』, 김수인 옮김, 동국대학교출판부, 2011
강현숙, 〈일본의 전다도(煎茶道)에 관한 연구〉, 성신여자대학교 대학원 박사학위논문, 2009
서유선, 〈일본 다도 정신 연구(日本 茶道 精神 硏究)〉, 원광대학교 동양대학원 석사학위논문, 2013

리큐 스타일

이진수·서유선, 『일본다도의 이해』, 이른아침, 2013
이토 고칸, 『차와 선』, 김용환·송상숙 옮김, 산지니, 2016
일본고전독회, 『놀이로 읽는 일본문화』, 제이앤씨, 2018
히사마츠 신이치, 『다도의 철학』, 김수인 옮김, 동국대학교출판부, 2011

박전열, 〈일본다도연구의 에틱적 시각〉, 〈한국일본학회 학술대회 No.02〉, 한국일본학회, 2014
강현숙, 〈일본의 전다도(煎茶道)에 관한 연구〉, 성신여자대학교 대학원 박사학위논문, 2009
김영순, 〈일본다도(日本茶道)의 행다법(行茶法)에 대한 연구(研究)〉, 동국대학교 불교문화대학원 석사학위논문, 2012

전쟁으로 쟁취한 도자기 기술

베아트리스 호헤네거, 『차의 세계사』, 조미라·김라현 옮김, 열린세상, 2012
서울대학교 정치외교학부 외교학 전공, 『한국의 국제정치학도 일본 근대화를 만나다』, 서울대학교출판문화원, 2012
유홍준, 『나의 문화유산답사기 일본 편 1』, 창비, 2013
이미숙, 『400년 전의 도자기 전쟁』, 명경사, 2013
홍춘욱, 『돈의 역사』, 로크미디어, 2019
『芳茗遠播』, 대만 국립고궁박물원, 2015
谷端昭夫, 『茶道の歷史』, 淡交社, 2007
大橋康二, 『鍋島』, 佐賀県立九州陶磁文化館, 2006
松崎芳郎, 『茶の世界史』, 八坂書房, 2012
藤原友子, 『古伊万里の道』, 佐賀県 藝術文化育成基金, 2019
阿部秀一, 『唐津』, 阿部出版, 2012

조선 선비, 차를 구걸하다

류건집, 『한국차문화사』, 이른아침, 2007
정민, 『새로 쓰는 조선의 차문화』, 김영사, 2011
한기정, 『조선후기 지식인의 차문화 연구』, 보고사, 2014
『한국의 차 문화 천년 1』, 송재소·유홍준·정해렴 옮김, 돌베개, 2009

『한국의 차 문화 천년 5』, 송재소·조창록·이규필 옮김, 돌베개, 2013
정민, 〈조선 후기 걸명 시문을 통해 본 한국 차인의 멋〉,《한국차학회지》제13권 제3호, 한국차학회, 2007
이현정, 〈강진 백운옥판차 고찰〉, 목포대학교 대학원 석사학위논문, 2015

차향으로 맺은 인향

송재소 외, 『다산 정약용 연구』, 사람의무늬, 2012
정민, 『다산 증언첩』, 휴머니스트, 2017
정민, 『다산의 재발견』, 휴머니스트, 2011
정민, 『새로 쓰는 조선의 차문화』, 김영사, 2011
홍유빈, 〈'다산학 전승 연구'에 대한 회고와 전망〉,《다산과 현대》제12호, 연세대학교 강진다산실학연구원, 2019
네이버 지식백과 '나비효과(Butterfly effect)'(https://terms.naver.com/entry.nhn?docId=3380795&cid=58393&categoryId=58393)

용단승설의 시간 여행, 북송에서 조선으로

이상각, 『조선역관열전』, 서해문집, 2011
이춘희, 『19世紀 韓·中 文學交流:李尙迪을 중심으로』, 새문사, 2009
정민, 『새로 쓰는 조선의 차문화』, 김영사, 2011
김현정, 〈국제적 다가(茶家)로서의 이상적(李尙迪) 연구〉, 성신여자대학교 문화산업대학원 석사학위논문, 2004
한국고전종합DB(http://db.itkc.or.kr) '은송당집(恩誦堂集)'

차 만드는 계모임, 다신계

송재소, 〈다산학단 연구 서설(茶山學團 硏究 序說)〉, 《다산학(茶山學)》 제12호, 2008

유동훈, 〈다신계(茶信契)가 강진지역 다사(茶史)에 미친 영향〉, 《한국차학회지》, 제23권 제4호, 2017

윤진영, 〈조선시대 계회도 연구(朝鮮時代 契會圖 硏究)〉, 한국정신문화연구원 한국학대학원 박사학위논문, 2004

정우천, 〈茶로 맺은 다산과 제자들의 인연…'茶信契 정신' 200년 이어져〉, 《문화일보》 2018년 9월 14일자

찻잎에 귤 향기를 입히다

양인석, 『백화전서』, 송원문화사, 1983

김일우, 〈고려·조선시대 '귤의 고장' 제주의 내력과 그 활용방안〉, 《한국사진지리학회지》 제19권 제3호, 한국사진지리학회, 2009

배다니엘, 〈중국 고전시에 나타난 귤나무 묘사 고찰〉, 《중어중문학(中語中文學)》 제56집, 한국중어중문학회, 2013

임경빈, 〈귤나무〉, 《산림》 227호, 산림조합중앙회, 1984

윤덕노, 〈귤과 유자로 금옥만당을 꿈꾸다〉, 《국회보》 11월호, 2017